Jesus
como
Terapeuta

Dados Internacionais de Catalogação na Publicação (CIP)
(Câmara Brasileira do Livro, SP, Brasil)

Grün, Anselm
  Jesus como terapeuta : o poder curador das palavras / Anselm Grün ; tradução de Markus A. Hediger. – 4. ed. – Petrópolis, RJ : Vozes, 2014.

  Título do original : Jesus als Therapeut : die heilende Kraft der Gleichnisse

  8ª reimpressão, 2024.

  ISBN 978-85-326-4398-8

  1. Cura pela fé 2. Jesus Cristo – Ensinamentos 3. Jesus Cristo – Parábolas I. Título.

12-06656   CDD-226.8

Índices para catálogo sistemático:
1. Jesus Cristo : Parábolas e alegorias
226.8

Anselm Grün

Jesus
como
Terapeuta

O poder curador das palavras

Tradução de Markus A. Hediger

© 2011, by Vier-Türme GmbH, Verlag, D-97359 Münsterschwarzach Abtei

Tradução do original em alemão intitulado *Jesus als Therapeut – Die heilende Kraft der Gleichnisse*

Direitos de publicação em lingua portuguesa – Brasil:
2012, Editora Vozes Ltda.
Rua Frei Luís, 100
25689-900 Petrópolis, RJ
www.vozes.com.br
Brasil

Todos os direitos reservados. Nenhuma parte desta obra poderá ser reproduzida ou transmitida por qualquer forma e/ou quaisquer meios (eletrônico ou mecânico, incluindo fotocópia e gravação) ou arquivada em qualquer sistema ou banco de dados sem permissão escrita da editora.

CONSELHO EDITORIAL

Diretor
Volney J. Berkenbrock

Editores
Aline dos Santos Carneiro
Edrian Josué Pasini
Marilac Loraine Oleniki
Welder Lancieri Marchini

Conselheiros
Elói Dionísio Piva
Francisco Morás
Gilberto Gonçalves Garcia
Ludovico Garmus
Teobaldo Heidemann

Secretário executivo
Leonardo A.R.T. dos Santos

PRODUÇÃO EDITORIAL

Aline L.R. de Barros
Marcelo Telles
Mirela de Oliveira
Natália França
Otaviano M. Cunha
Priscilla A.F. Alves
Rafael de Oliveira
Samuel Rezende
Vanessa Luz
Verônica M. Guedes

Editoração: Rachel Fernandes
Diagramação: Guilherme F. Silva
Capa: WM design

ISBN 978-85-326-4398-8 (Brasil)
ISBN 978-3-89680-491-4 (Alemanha)

Este livro foi composto e impresso pela Editora Vozes Ltda.

SUMÁRIO

Introdução, 7

1 Os métodos terapêuticos de Jesus nas parábolas, 15

2 Os métodos terapêuticos de Jesus em suas palavras, 79

3 Os métodos terapêuticos de Jesus nas histórias de cura, 115

Pensamentos finais, 195

Referências, 203

Índice, 205

Introdução

Há mais ou menos vinte anos trabalho na casa *Recollectio*, em Münsterschwarzach, onde acompanho homens e mulheres já cansados, mas dedicados e empenhados no trabalho para a igreja. Converso frequentemente com os participantes dos meus cursos, que me confidenciam suas preocupações. Desde que comecei a seguir outras pessoas, tento descobrir como Jesus as acompanhava, falava, tratava e as tocava com suas palavras.

Quando leio a Bíblia, encontro nos evangelhos um Jesus terapeuta, que cura os doentes. Ele se apresenta a mim como interlocutor e contador de histórias, com muitas palavras que me desafiam. Há tempos tive a ideia de meditar sobre os métodos terapêuticos de Jesus e de aplicá-los aos dias de hoje. Por um lado, quero descobrir como podemos obter uma nova imagem de nós mesmos por meio do encontro com Ele, já que dela depende o êxito da nossa vida. Por outro, desejo saber como nós, com nossos problemas psicológicos, podemos interagir com o Mestre nos dias atuais para que experimentemos a cura. Fascinados, lemos os relatos sobre como Ele curou os doentes. Mas como podemos, com nossas doenças psicológicas, ser curados no encontro com Jesus? Este livro, então, destina-se a pessoas que desejam conhecer-se melhor, com o objetivo de ajudá-las a encontrar caminhos que levem a uma vida bem-sucedida, pessoas que sofrem consigo mesmas e que procuram uma solução para o seu sofrimento. Mas escrevo também para mim mesmo, como acompanhante espiritual, e para todos que acompanham outros em seu caminho espiritual. Pois nós, que trabalhamos no acompanhamento espiritual, também podemos aprender com os métodos terapêuticos de Jesus. Minha esperança é que os terapeutas se interessem igualmente pela sabedoria terapêutica do Mestre e encontrem nele impulsos para o seu próprio trabalho.

Este livro, sobre os métodos terapêuticos de Jesus, não pretende seguir nenhum modelo específico. Ele não criou um sistema terapêutico próprio, suas ações partiram do seu coração, interagindo com cada indivíduo de acordo com aquilo que sua intuição lhe sugeria. Não podemos copiar Jesus, mas podemos inspirar-nos nele.

Jesus concedeu aos seus discípulos o seu Espírito e os comissionou para a tarefa de curar os doentes no poder do seu Espírito, além de proclamar a sua mensagem de tal forma que seu efeito curador também alcançasse as pessoas dos tempos atuais.

Este livro não pode substituir uma terapia. As pessoas com doenças sérias procuraram Jesus e foram curadas no encontro com Ele. Da mesma forma nós, com nossas doenças psicológicas, precisamos de um médico ou de um terapeuta para nos tratar. Mesmo assim, cada um que esteja sofrendo consigo mesmo pode encontrar o Mestre na reflexão, sobre suas histórias de cura, de tal forma que perceba seu efeito em sua própria vida. Quando absorvemos as palavras de Jesus e as "mastigamos" – os monges mais velhos comparam a meditação ao "ruminar" –, elas nos transformam. Quando estudamos as parábolas de Jesus e procuramos entendê-las, elas transformam tanto nossa autoimagem como a imagem que temos de Deus. Através dessa nova visão, que assim nos é dada, passamos a viver de forma diferente: como pessoas mais saudáveis, mais livres, mais esperançosas e mais fortalecidas. No entanto, a reflexão sobre as palavras e obras do Mestre não substitui a terapia, caso o quadro clínico a exija.

A meu ver, Jesus curou de *três maneiras* diferentes

As *parábolas* são um tipo de "terapia de conversa". As palavras nelas contidas abrem uma nova perspectiva sobre nossa vida, e as histórias de cura nos mostram a maneira como Jesus interage com as pessoas. Através delas, o Mestre quer libertar as pessoas de imagens de Deus nocivas e de autoimagens destrutivas: desta forma, aponta-lhes o caminho para uma visão correta de Deus e de si mesmos. Pois o êxito da nossa vida depende do modo como olhamos para Deus e para nós mesmos. Em suas histórias demonstra sua mestria na arte de transformar o olhar das pessoas por dentro, sem exibir uma atitude paternalista e sem se impor a elas. As parábolas refletem um processo terapêutico do qual os ouvintes podem participar.

O propósito delas não é em primeira linha o ensino, mas a cura das nossas imagens interiores. Tenho um interesse muito grande em redescobrir o poder das parábolas atualmente, pois frequentemente vejo como histórias e parábolas ajudam os pacientes a se desenvolver e progredir no acompanhamento, além de despertarem interesse e oferecerem uma nova visão.

Encontro também a sabedoria terapêutica de Jesus em suas *palavras* que a Bíblia nos transmite. Para mim, elas não são precipuamente moralizadoras, mas são fontes de cura. Mesmo quando não conta parábolas ou histórias, se dirige às pessoas de forma que seus ensinamentos abrem nossos olhos para a verdade da nossa vida. Assim, procura nos levar a outro nível: um patamar em que as palavras nocivas de outras pessoas não mais nos atingem e podemos nos sentir como pessoas acolhidas em Deus.

A atividade terapêutica de Jesus se revela de modo mais claro nas *histórias de cura* dos Evangelhos. Mas nelas as curas não acontecem sempre da mesma maneira; antes, encontramos diferentes "métodos de terapia". Já compartilhei histórias de cura muitas vezes, agora pretendo tratar de forma mais sistemática os diferentes modos de sua interação com as pessoas.

As histórias de cura nos convidam a confiar nossas próprias fragilidades a Jesus, para que aquilo que aconteceu em seus dias possa se tornar realidade também para nós. Elas são um convite para interagirmos com as pessoas como Ele o fez e para as erguermos, encorajarmos e curarmos no poder do seu Espírito.

Antes de tratar das histórias de cura como atividade terapêutica central de Jesus, quero meditar sobre as parábolas e as suas palavras. Cada um de nós – seja uma pessoa que esteja à procura de si mesma ou um acompanhante terapêutico ou espiritual – precisa ocupar-se com sua própria autoimagem.

Nossa autoimagem está sempre ligada à nossa imagem de Deus. A imagem de um Deus mau, por exemplo, faz de mim uma pessoa pequena e amedrontada. Imagens de Deus nocivas provocam padrões neuróticos e causam estresse em nossa vida.

As parábolas e palavras de Jesus, das quais falarei primeiro, nos convidam a meditar sobre a imagem que temos de Deus e, com isso, a refletir também sobre nossa própria vida – e, assim, a desenvolver um relacionamento saudável conosco. Depois voltarei minha atenção para as histórias de cura. Elas também nos convidam a olhar para as nossas próprias áreas psicológicas de risco e a refleti-las à luz do encontro com o Mestre.

Desejo a todos os leitores e leitoras que, através da leitura e da reflexão sobre os textos bíblicos – é válido ler os textos indicados na Bíblia –, cada um possa se encontrar de forma nova, que venha a se entender melhor e experimente uma transformação e cura interior. Desejo aos acompanhantes espirituais que encontrem nos métodos terapêuticos de Jesus um incentivo para interagir de forma atenta com aquelas pessoas que acompanham, também que desenvolvam uma intuição para as necessidades dos seus pacientes, para aquilo que faça bem a eles mesmos e ajude a acompanhá-los sem que se sobrecarreguem.

1

OS MÉTODOS TERAPÊUTICOS DE JESUS NAS PARÁBOLAS

A maioria dos métodos terapêuticos envolve a conversa, o diálogo, em que cada um pode se expressar e compartilhar com o outro os pensamentos que nele surgem. Às vezes, o terapeuta também conta histórias para indicar ao paciente o caminho para a cura. Na Antiguidade, o próprio método de terapia consistia na narração de histórias. Em *Mil e uma noites*, a famosa coletânea de contos e histórias populares, a princesa também precisa contar histórias até que o príncipe doente fique curado.

Jesus costumava contar parábolas com frequência, era um excelente contador de histórias, e as pessoas gostavam de ouvi-lo. Suas parábolas podem ser consideradas parte da sua terapia, nelas há um poder curador. Ele usa as parábolas para contar histórias sobre como ter uma vida bem-sucedida. Por meio delas, Ele quer transmitir uma nova visão: uma nova imagem de Deus e uma nova autoimagem. As imagens que cada um guarda em seu interior marcam sua vida, podem adoecê-lo ou curá-lo. Suas parábolas são usadas para substituir a autoimagem e a imagem de Deus nociva por outras saudáveis.

Nelas, Ele fascina e provoca, quando fala do casamento, da colheita, de festas, de ganho financeiro, despertando a atenção dos ouvintes; eles se deixam cativar, mas há sempre algum elemento que nos irrita. Jesus o usa para nos provocar e voltar nossa atenção para algo específico: quando você se irrita com minhas palavras, isso significa que é confrontado com uma imagem falsa, guardada dentro do seu interior, de si mesmo e de Deus.

Às vezes, Jesus não provoca irritação, mas sentimentos de prazer pela derrota de pessoas aparentemente poderosas. Mas o foco dele não está voltado para o prazer que sentimos diante do sofrimento de outros. Seu objetivo é nos levar a conhecimentos essenciais sobre Deus e nós mesmos. Aparentemente precisamos ser afetados emocionalmente para que abramos mão de imagens nocivas, e muitas vezes esse processo, que transforma nossas imagens interiores, é doloroso. A reação agressiva, por exemplo, é necessária para que nos distanciemos de certas imagens: de repente fico com raiva quando percebo o dano que elas causaram em minha vida, quando me dou conta de como me impediram de viver ou me impeliram a seguir uma direção errada.

Algum tempo atrás, os exegetas acreditavam que o mais importante nas parábolas era o ponto de comparação, o chamado *tertium comparationis*. Acreditavam que uma parábola podia ser resumida em uma única frase, que o revestimento narrativo nada mais era do que um instrumento pedagógico e que a essência da parábola, assim acreditavam, era seu ensinamento.

Visto desse ângulo, o seu efeito terapêutico seria ignorado e se destinaria apenas aos tolos, já que aos inteligentes bastaria o seu ensino puro. Quando Jesus conta uma parábola, o ouvinte passa por uma transformação interior, ele se abre porque elas o fascinam, e, sem que perceba, a narrativa o leva a outro nível. De repente, o ouvinte passa a ter uma experiência "aha!" Algum aspecto seu, que até então havia permanecido no escuro, é iluminado, agora é capaz de se ver de modo diferente.

Essa transformação interior de sua visão e de seus sentimentos não pode ser alcançada por meio de meras palavras de ensinamento. Para isso, precisa-se da arte das parábolas.

Ao teólogo e terapeuta Eugen Drewermann cabe o mérito de ter chamado nossa atenção para a arte terapêutica e o poder curador das parábolas, descreve o efeito transformador da seguinte forma: "Em termos psicológicos, uma parábola eficaz precisa ser capaz de literalmente 'encantar' o ouvinte, de tal modo que este seja arrebatado do mundo de suas experiências desta vida para outro mundo que contradiga completamente o seu próprio mundo, mas que mesmo assim corresponda a seus desejos autênticos" (DREWERMANN, 1985: 731). Eugen Drewermann fala de uma "sublimação", ou seja, o Mestre se dirige às pessoas que conhecem a paixão e o anseio pela vida e usa suas parábolas para elevar a força dessa paixão a um nível superior, de forma que essa força conflua na vida com Deus e perante Ele. "O ponto decisivo da fala em parábolas consiste [...] no rompimento do mundo no aquém ou, em termos psicológicos: no redirecionamento de todos os impulsos, na sublimação dos afetos" (DREWERMANN, 1985: 729).

Em suas parábolas, Jesus trata de vários complexos temáticos, buscando uma transformação da nossa visão sobre os múltiplos aspectos da vida humana, para que aprendamos a lidar com o próprio medo de forma diferente, encontrando um caminho apropriado e reagindo à experiência da própria culpa. Nelas relata as nossas experiências com a decepção, a impotência e com os nossos lados sombrios.

Tratam de temas terapêuticos importantes, abordando de forma construtiva sem reprimi-los, levando a lidarem de maneira nova com os temas centrais da sua alma, que afetam todas as pessoas, como: medo, culpa, sofrimento, dúvida, impotência e rejeição.

Muitas vezes, as pessoas têm desenvolvido estratégias, no convívio com esses temas, que não lhes fazem bem. Quem nega o sofrimento mesmo assim o experimenta. Quem reprime a culpa é atormentado por sentimentos de culpa difusos. Os cristãos muitas vezes têm praticado uma forma masoquista de lidar com culpa e sofrimento, muitas pessoas se rebelaram contra essa eterna fixação em culpa e sofrimento e passaram a recalcar ambos. Mas isso não traz nenhuma solução. Jesus nos aponta meios de lidar de forma adequada com esses e outros aspectos importantes da vida.

Pretendo, portanto, escolher alguns desses temas terapêuticos e expor a visão nova do Mestre – que muitas vezes nos fascina, mas também nos provoca.

1.1 O convívio com a culpa

Lc 16,1-8

Um tema do qual ninguém pode escapar é o da "culpa". No passado, a Igreja infelizmente falou demais sobre a culpa e o pecado, inculcando assim sentimentos de culpa nas pessoas. Mas o contrário também não ajuda: quando a culpa é negada e deixa de ser considerada, os sentimentos muitas vezes passam a se expressar de outra forma, seja como raiva, medo, irritabilidade ou padrões compulsivos.

Os transtornos obsessivo-compulsivos sempre têm a ver com culpa recalcada. O psiquiatra alemão Albert Görres, falecido em 1996, afirma que aquele que perde o instinto da culpa, perde também parte da essência de sua condição humana, perde assim a profundeza da sua própria existência e deixa de assumir sua liberdade e responsabilidade. Quando o instinto da culpa é perdido, a mesma deixa de se expressar como "consciência pesada, mas passa a se expressar na forma de um medo difuso ou de uma depressão, de uma distonia vegetativa"

(GÖRRES, 1984: 78). As pessoas não têm mais sentimentos de culpa, mas agora sofrem de depressões e têm medo de fracassar.

A questão é: como posso lidar com minha culpa de forma adequada – e como posso fazê-lo sem perder meu amor-próprio? Jesus trata dessa questão na Parábola do Administrador Infiel. Essa história deve ter fascinado os ouvintes mais pobres que provavelmente achavam que o administrador tinha enganado seu senhor com um truque bastante esperto. Mas essa alegria superficial sobre o prejuízo do senhor não é o que o Mestre tem em mente. Ele quer levar seus ouvintes a outro nível. Outros se sentem provocados por essa parábola, dizendo: "Isso não está certo. Aquilo que o administrador fez é imoral. Ele engana seu senhor". E é exatamente quando nos sentimos provocados que Jesus quer nos dizer: preste atenção e veja se sua visão realmente está certa. Você vê Deus e a si mesmo de forma errada, precisa aprender a lidar com a culpa de outra maneira, condena outros duramente, porque lida de forma inadequada com sua própria culpa.

Querendo ou não, todos nós nos tornamos culpados nas mais diversas situações. Na parábola isso é ilustrado com o tema do desperdício. Sempre desperdiçaremos parte dos nossos bens, das nossas habilidades, das nossas forças. A questão, porém, é: como reagimos à acusação do desperdício e da culpa? Ouvimos o administrador falando consigo mesmo: "O que vou fazer, pois o patrão me tira a administração? Trabalhar na terra... não tenho forças; mendigar... tenho vergonha" (Lc 16,3).

Essas são as duas maneiras com que, muitas vezes, reagimos à culpa. Comprometemo-nos a trabalhar duramente – essa é a primeira reação–, decidimos não cometer mais nenhum erro daqui em diante e nos esforçamos, mas isso só leva à inflexibilidade e ao endurecimento. Tornamo-nos duros conosco, mas também julgamos os outros duramente, e passamos a girar em torno da culpa dos outros e nos irritamos com ela. A outra reação consiste em mendigar aceitação. Vivemos como penitentes e nos desculpamos constantemente pelo fato de existirmos; usamos a autoacusação para nos menosprezar e mendigamos aceitação e atenção, e com essa atitude perdemos nosso amor-próprio.

O administrador vê uma terceira saída: "Mas já sei o que vou fazer para que, depois de afastado da administração, alguém me receba em sua casa" (Lc 16,4). Ele lida com sua culpa de forma criativa. Manda chamar os devedores e perdoa parte de suas dívidas à custa do homem rico. Essa é a única possibilidade que ainda lhe resta. Ele sabe que não poderá pagar toda a sua dívida – nem trabalhando duramente, nem mendigando –; só resta usá-la como motivo para lidar com outros de forma humana. Ele diz a si mesmo: Eu sou culpado, vocês são também; portanto, dividamos nossa culpa, recebamos uns aos outros em nossas casas.

Jesus nos convida a descer do nosso trono da justiça própria e a tornarmo-nos humanos entre os humanos. Nisso Ele se distingue dos essênios, uma comunidade de fiéis judaica, à qual se refere quando fala dos "filhos da luz" (Lc 16,8). Os essênios eram muito religiosos, mas, quando um dos seus violava alguma das normas, era impiedosamente expulso e excluído. O Mestre diz: Vocês, os cristãos, não devem excluir vocês, devem acolher. Com a certeza de que Deus lhes perdoou, devem lidar de forma humana com sua culpa. Vocês devem ser humanos entre os humanos, não devem colocar-se acima nem abaixo de ninguém.

Não precisamos pagar a nossa dívida – nem através de trabalho árduo, nem através de mendicância. Pelo fato do Pai ter perdoado a nossa dívida com sua misericórdia, podemos usá-la para lidarmos conosco e com os outros de forma misericordiosa.

No acompanhamento espiritual, tenho vivenciado como a Parábola do Administrador Infiel tem ajudado, com seu efeito libertador e curador, as pessoas a pararem de se culpar e de se rebaixar constantemente, recuperando a sua dignidade, abrindo mão de um moralismo rigoroso que havia exigido demais delas.

O efeito desse tipo de parábola pode ser bem maior do que qualquer ensinamento sobre o perdão. Ela inicia um processo em nós, onde nos reconhecemos em nossas reações à culpa e, através das palavras provocativas de Jesus, experimentamos uma nova liberdade e um espaço maior no convívio com ela. Podemos falar sobre a culpa, sem nos destruirmos ao mesmo tempo.

Certa vez, o psicólogo suíço Carl Gustav Jung disse que algumas pessoas usam sua culpa como pretexto para destruir-se a si mesmas. Em vez de defrontar-se com sua verdade e seus lados sombrios, se deleitam em sua contrição e seu arrependimento "como uma coberta de plumas macia e quente em uma fria manhã de inverno, quando na verdade se deveria levantar da cama" (JUNG, 1964: 680). A parábola nos encoraja a andarmos pela vida de cabeça erguida, a convidarmos outros para as nossas casas com retidão e sinceridade, mas também a entrarmos na casa dos outros sem nos humilhar.

1.2 O convívio com o juiz interior

Lc 18,1-8

A psicologia fala do superego, que muitas vezes é muito rígido e nos julga constantemente. Nele estão gravadas todas as opiniões e normas dos nossos pais. Muitas dessas normas são úteis. Em determinados momentos o superego nos julga de forma excessivamente dura, e, às vezes, até nos condena e rejeita constantemente.

Na Parábola da Viúva e do Juiz Injusto Jesus nos mostra como podemos conviver com o superego. A viúva se vê ameaçada por um inimigo – pode ser um inimigo interior ou exterior ou um padrão de comportamento que não permite que viva como deseja. Sem marido que pudesse protegê-la, já não consegue se defender contra certas pessoas e é, por isso, muito vulnerável. Ela procura o juiz, mas este não quer ajudá-la, pois não se interessa pelo bem-estar das pessoas – e tampouco se interessa por Deus. Assim, mesmo sendo a probabilidade de receber ajuda é praticamente nula, a viúva é persistente, não desiste, continua lutando por si mesma e por seu direito à vida, indo ao juiz dia após dia. Finalmente, o juiz pensa: "Embora eu não tema a Deus e não respeite ninguém, vou fazer-lhe justiça, porque esta viúva está me aborrecendo. Talvez assim ela pare de me incomodar" (Lc 18,4-5). No grego, o texto diz literalmente: Vou fazer-lhe justiça, senão ela me dá um soco no olho. E o juiz não quer um olho roxo, não quer andar pelas ruas da cidade com um olho roxo.

O Mestre conta a parábola de forma tão envolvente que as pessoas, que já perderam toda esperança por ajuda e cura, são novamente encorajadas. Ao despertar nos ouvintes a alegria sobre o poderoso juiz, cuja resistência é vencida pela viúva, convida as pessoas a lidarem de forma diferente com uma situação aparentemente desesperadora.

Ele nos apresenta não a oração que fará com que Deus intervenha de fora e destrua os inimigos, mas a oração como caminho, para superar nosso juiz interior. Experimentamos durante ela nosso direito à vida, ela nos leva ao espaço interior do silêncio, onde a entrada é proibida ao juiz e ele não tem nenhum poder. A oração desapodera o superego, nela experimentamos a proximidade curadora de Deus e descobrimos em nós o espaço do silêncio, onde o seu reino está em nós.

Pouco antes de contar a parábola, Jesus diz: "O Reino de Deus está no meio de vós" (Lc 17,21). Enquanto o Reino de Deus estiver no nosso meio, o juiz interior não tem nenhuma chance, estamos sãos e salvos, livres do poder de outras pessoas: de suas expectativas e exigências, de suas acusações e sentenças. Nesse espaço ninguém pode nos ferir, nenhum inimigo, seja ele interior ou exterior, tem acesso a esse espaço.

Podemos interpretar também a viúva como uma imagem para a alma – como o faz a simbologia dos mitos. Não devemos entender a alma aqui no sentido filosófico, mas como imagem para o espaço interior do ser humano: para sua intuição que lhe diz que possui um brilho divino, que é um ser singular e filho de Deus. A alma representa os sonhos que o ser humano tem para sua vida, que lhe dizem que sua vida é preciosa e que nele se expressa algum aspecto de Deus. Nesse contexto, o juiz representaria o superego, o juiz interior, que nos despreza continuamente e nos julga dementes por termos ideais tão altos ou ideias tão ambiciosas para nós mesmos.

Nessa interpretação, a oração também passa a ser o lugar onde a alma encontra justiça, onde o juiz interior é desapoderado. Na oração nos tornamos cientes da nossa dignidade como seres humanos, que foram criados por

Deus e que Ele julga capaz de realizarem seus sonhos. Por meio dela, entramos em contato com a imagem única e singular que o Pai tem de nós, toda autodepreciação e autocondenação se dissolvem durante esse momento. Se orarmos com essa parábola em mente, a nossa oração adquire uma força diferente; se Jesus apenas nos chamasse para a oração, o efeito não seria o mesmo. A parábola nos causa uma transformação, questiona nossa experiência, abrindo espaço para experiências novas. Jesus descreve essa viúva sem perspectivas, como mulher que não desistiu de si mesma. Orar, portanto, significa: não desistir de si mesmo.

Alguns acreditam que já oraram muito a Deus, mas de nada adiantou, acham que Ele não agiu nas suas vidas, muitas vezes imaginam a ação do divino como um acontecimento exterior – como se Ele reestabelecesse a ordem como uma força, vindo de fora – e resolvendo todos os problemas. A oração me leva ao espaço interior pacificado, onde encontro paz, o direito à vida, ajuda e cura, mas a luta exterior continua.

1.3 O convívio com o medo

Mt 25,14-30; Lc 19,11-17

Outro tema terapêutico é o medo e a tendência de querer dominá-lo através do controle de tudo. Na Parábola dos Talentos Jesus fascina e provoca, abordando essa temática. Os dois primeiros servos administram e investem seus talentos e conseguem obter um lucro grande. Mas, quando o Mestre fala do terceiro servo, os ouvintes começam a sentir pena e se aborrecem com o tratamento rigoroso conferido ao mesmo. Por meio disso, Jesus quer dizer: Olhe bem para esse terceiro servo, talvez se reconheça nele.

Em sua tentativa de justificar-se, esse servo revela a natureza do seu problema, se compara com os outros e se sente desfavorecido. Assim, quer proteger o pouco que recebeu e tenta evitar uma perda total. Ele diz ao seu senhor: "Senhor, sei que és um homem duro, que colhes onde não semeaste e recolhes onde não espalhaste. Por isso tive medo e fui esconder teu talento na terra; aqui tens o que é teu" (Mt 25,24). O problema do servo é o medo que ele tem do seu senhor, a imagem que tem dele é a de um senhor severo, que pune. Por isso, enterra seu talento para evitar que cometa algum erro, tenta manter tudo sob seu controle, não quer abrir mão de nada, nem arriscar seu dinheiro num investimento. Quem investe talentos, abre mão de algo a fim de conseguir um retorno maior, mas o servo guarda tudo para si para não perder nada e é justamente assim que perde tudo.

O senhor trata esse servo de maneira muito dura, fazendo exatamente aquilo que o servo tinha imaginado. O senhor cumpre a imagem que o servo havia criado a seu respeito e responde: "Escravo mau e preguiçoso, sabias que colho onde não semeei e recolho onde não espalhei. Devias, pois, depositar meu dinheiro num banco para, na volta, eu receber com juros o que é meu. Tirai-lhe o talento e dai-o ao que tem dez!" (Mt 25,26-28).

Eugen Drewermann descreve esse método terapêutico de Jesus como "espantar o medo com o medo", nele o medo é imaginado em todos os detalhes até ele se transformar em confiança. O Mestre quer dizer ao servo: se você tiver uma imagem de Deus tão marcada pelo medo, sua vida será, já agora, choro e ranger de dentes. Se você quiser controlar tudo, perderá, já agora, qualquer controle sobre sua vida. Se você estiver tão obstinado em não cometer nenhum erro, errará em tudo.

Alguns ouvintes reagem a essa interpretação da parábola dizendo: "Jesus não poderia ter dito isso de maneira mais simples?" Se Ele quisesse apenas nos dar uma lição e nos incentivar a confiar nele, poderíamos simplesmente cruzar os braços e dizer: que palavras lindas. Mas, elas não provocariam nenhuma mudança em nós.

A parábola, porém, não nos deixa indiferentes. Ela nos provoca e força a refletir sobre aquilo que nos irrita. E nisso Jesus emprega um método terapêutico que atualmente chamamos de "reforço". Um terapeuta amigo meu me contou que, antigamente, quando um paciente não parava de acusar-se, ele tentava mostrar-lhe os lados positivos de sua vida. Mas, muitas vezes, a reação era: "Sim, mas tem outra coisa na minha vida que também não está indo bem...", e assim por diante. Mesmo que descrevesse os aspectos positivos com língua de anjos, não conseguia convencê-lo. Os "espíritos do 'porém'" dos pacientes eram mais fortes e, por vezes, o deixavam aflito. Num curso, conheceu o método do reforço e começou a reagir diferentemente: "O que você está me contando a seu respeito é realmente muito grave. Você é mesmo uma mãe desnaturada – do jeito que trata seus filhos". A paciente reagiu irritada a esse reforço: "Como você ousa falar comigo dessa forma!..."

Ao reforçar a atitude negativa, o terapeuta faz com que o paciente se volte contra ele e comece a ver a si mesmo sob uma perspectiva mais positiva. O método que Jesus aplica nessa parábola é semelhante, demonstra o absurdo desse padrão de comportamento de controle temeroso e tentativa de domínio absoluto e convida o paciente a optar pelo caminho da confiança.

No Evangelho segundo São Mateus, o primeiro servo recebe cinco talentos; o segundo recebe dois; e o terceiro, um. Os dois primeiros servos duplicam seus talentos. No Evangelho segundo São Lucas, a ênfase é um pouco diferente, cada servo recebe mil moedas. O primeiro servo multiplica seu investimento por dez; o segundo, por cinco; apenas o terceiro servo enterra suas moedas.

Se cada um receber talentos diferentes, não temos como avaliar o que fez da sua vida. Pois, vendo-o de fora, não sabemos qual foi o dom que recebeu ou quais foram as suas limitações. Mas se todos receberem o mesmo, a vida revela o que cada um realizou.

No caso da parábola de São Mateus, poderíamos dizer: descubra os talentos que recebeu e use-os, você é responsável por aquilo que Deus lhe deu. Em São Lucas, as mil moedas representam a própria vida. Você tem apenas esta, viva sua vida. Senão, algum dia, se dará conta de que não a viveu; então, achará que está de mãos completamente vazias.

1.4 O convívio com a inveja

Mt 20,1-16

Na terapia e no acompanhamento espiritual constantemente encontramos pessoas que se comparam com outras. Elas sentem inveja porque os outros têm algo que elas não têm, sentem-se prejudicadas por Deus e pelo destino.

Quanto mais nos comparamos com outros, mais insatisfeitos ficamos. Não nos aceitamos, porque achamos que, se fôssemos tão bonitos como aquele ou aquela, tão inteligentes, se tivéssemos tanto dinheiro como os outros..., teríamos mais sucesso na vida. Assim, porém, nada pode dar certo. Sentimo-nos prejudicados e obstruímos nossa própria vida.

Jesus responde a esse obstáculo na vida com a Parábola dos Trabalhadores na Vinha, que provoca também reações de protesto nos ouvintes. O dono da vinha está sendo muito injusto! Os primeiros trabalhadores trabalharam onze horas [sic] a fio e aturaram o calor do dia. Como, então, o senhor pode dar o mesmo salário àqueles que trabalharam apenas uma hora?

Ao nos aborrecermos com o comportamento do senhor, descobrimos nossa própria atitude diante da vida, acreditamos que estamos nos esforçando. Nós, que mantemos os mandamentos de Deus, deveríamos ter uma vida melhor do que os outros, que passam os dias de braços cruzados e nada fazem para ganhar sua vida. Ao pensarmos assim, confessamos que, na verdade, também preferíamos não trabalhar e cruzar os braços. Sentimos inveja daqueles que não se importam com os mandamentos de Deus, que simplesmente fazem o que bem entendem. Mas não fazemos ideia de como se sentem aqueles que passam os dias sem trabalhar: não podemos imaginar como sua vida é entediante, o quão se sentem inúteis e supérfluos.

Os trabalhadores da primeira hora sentem que sua vida tem um sentido. Eles trabalham e, ao final do dia, recebem um salário adequado: o pagamento combinado de um denário, que na época correspondia ao preço justo de uma diária. Mas, assim que começam a se comparar com aqueles que trabalharam menos do que eles, ficam insatisfeitos e pensam: teria sido mais fácil se tivéssemos começado a trabalhar mais tarde. Quando os trabalhadores da primeira hora também recebem apenas um denário, começam a reclamar e expressam verbalmente seu verdadeiro problema: "Os últimos trabalharam somente uma hora e lhes deste tanto quanto a nós, que suportamos o peso do dia e o calor" (Mt 20,12). Assim confessam que, para eles, o trabalho significa um fardo; e o calor, sofrimento.

Se aplicarmos a atitude dos primeiros trabalhadores à nossa vida, isso significa: eu vejo minha vida como algo pesado e sofrido, sempre me vejo envolvido em algum conflito, preciso me esforçar constantemente para tentar viver como um bom cristão, quero ser totalmente diferente, quero simplesmente levar minha vida. Mas Jesus me convida a assumir outro ponto de vista, ver a minha vida de forma diferente e sentir gratidão pelo fato de ela ter um sentido. Os conflitos me fazem amadurecer e eu sinto prazer no desenvolvimento interior, progredindo assim no caminho do amadurecimento e da vida espiritual.

O senhor responde às reclamações do trabalhador que teve uma jornada de trabalho de onze horas [sic]: "Amigo, não te faço injustiça. Não foi esta a diária que acertaste comigo? Toma, pois, o que é teu e vai embora. Quero dar também ao último o mesmo que a ti. Não posso fazer com os meus bens o que eu quero? Ou me olhas com inveja por eu ser bom?" (Mt 20,13-15).

Para os Padres da Igreja, o denário era um símbolo para a completude do ser humano. Nosso salário nunca será maior do que nossa transformação em um ser humano completo em harmonia consigo mesmo, isso basta. Faz bem aquele que começa a perseguir esse alvo desde cedo, se possível desde a primeira hora da sua vida.

Mas não devo ficar olhando para aquelas pessoas que começaram mais tarde ou que aparentemente passam o dia inteiro de braços cruzados e nada fazem da sua vida. Elas sofrem com isso. O investimento de trabalho e esforço em mim mesmo me mantém vivo. Os outros também podem vir a se encontrar, a se tornarem completos e a ter harmonia consigo mesmos – ainda que isso talvez venha a acontecer apenas muito tarde.

Em vez de me comparar com eles e sentir inveja, eu poderia viver em gratidão e conceder-lhes a alegria de algum dia encontrar o caminho para a vida. A parábola nos força a repensar a motivação do nosso trabalho – do nosso empenho por outros –, mas também do trabalho terapêutico e espiritual que investimos em nós mesmos. Quem não trabalha em si, não tem uma vida melhor, sofre consigo mesmo. Quando sinto prazer no meu trabalho não me comparo com outros, mas, quando me irrito com as pessoas que nada fazem de suas vidas, estou confessando que também preferia não fazer nada. A parábola provoca algo em mim, me convida a seguir meu caminho com gratidão e a conceder também aos outros o prazer de uma vida bem-sucedida, independente do caminho que escolheram para si.

1.5 O convívio com os inimigos interiores

Lc 14,31-32

Tanto na terapia como no acompanhamento espiritual costumam surgir as perguntas: Como devo lidar com meus erros, minhas fraquezas e meus padrões de comportamento? Como devo reagir à inveja, à irritação, ao medo e à depressão? Como devo me comportar em relação aos meus vícios? Muitos tentam enfrentar a inveja ou o medo com força bruta, mas quanto mais eu lutar contra algo dentro de mim, mais forte será a resistência do oponente atacado. E assim me vejo lutando o tempo todo contra meus erros e minhas fraquezas, sem que ocorra qualquer mudança.

É para essa situação que Jesus nos conta a Parábola do Rei que vai à guerra com um exército de 10 mil soldados para lutar contra um rei que vem ao seu encontro com 20 mil soldados. O primeiro rei não tem nenhuma chance de vencer a batalha. Ele desperdiçará toda sua força nessa luta.

O mesmo acontece com algumas pessoas que desperdiçam toda sua força na luta contra si mesmas e contra aparentes erros e fraquezas. A força que desperdiçam falta para vencer na vida. O Mestre nos aconselha a fazermos as pazes com os inimigos e a transformarmos os inimigos em amigos. Em vez de 10 mil, passarei a ter 30 mil soldados e as fronteiras, dentro das quais eu posso me deslocar livremente, são ampliadas. Portanto, obtenho assim mais capacidade e força e um horizonte interior mais amplo.

Há 46 anos, quando ingressei no mosteiro, também achava que poderia vencer todos os meus erros com meus 10 mil soldados – minha disciplina e força de vontade –, mas tive que aprender de modo bastante doloroso que precisava me reconciliar com meus erros e fraquezas. A transformação interior só pode ocorrer se eu fizer dos meus inimigos os meus amigos.

Quero explicar aquilo que Jesus diz em sua parábola com um exemplo. Uma mulher costumava se irritar com seus ataques de consumo de alimentos. Ela sentia vergonha disso e se punia com períodos de jejum. Durante alguns dias, tudo corria bem, até que os ataques voltassem. Ela gastava muita energia com sua fixação constante em comer e jejuar.

Transformar esse vício em um amigo poderia acontecer da seguinte maneira: eu paro de lutar e de me punir e pergunto ao vício o que ele está querendo me dizer. Qual é a ansiedade que se expressa quando como tanto? Anseio por amor? Tento encobrir irritações e decepções com toda essa comida? Ou será que sinto que, após todo o trabalho árduo, preciso me recompensar com algo?

Não julgo nem condeno nenhum desses anseios. Eles têm um sentido. Mas precisamos nos perguntar se não existe outra maneira de lidar com eles, uma maneira que seja mais saudável e que não cause uma consciência pesada ou sentimentos de vergonha. Se eu conseguir ver meu transtorno alimentar como o amigo que me lembra da minha ansiedade verdadeira, chegará o dia em que não precisarei mais do vício. Então, ele não me dominará mais.

Outro exemplo: uma mulher se irrita com o fato de sentir ciúmes da secretária que trabalha no escritório do marido. Quando está sozinha, fica imaginando como seu marido a trata de forma amigável e pergunta se ele estaria tendo uma relação sexual com ela. O marido assegura continuamente, com toda sinceridade, que ela está se preocupando à toa. A secretária é uma funcionária e nada mais. A mulher acredita nas palavras do marido, mesmo assim não consegue se livrar do seu ciúme. Basta o marido chegar ao trabalho, que sua imaginação corre solta. E ela sabe que enerva o marido quando dá espaço ao ciúme, prejudicando a si mesma e a sua relação. Mesmo assim, não consegue vencer o ciúme, aparentemente é impossível reprimi-lo, pois sempre reaparece.

Podemos aplicar aqui o mesmo método e procurar o diálogo com o ciúme: Qual a ansiedade que se esconde por trás do meu ciúme? Eu quero que meu marido ame e dedique sua atenção apenas a mim? Quero tê-lo exclusivamente para mim? Ao confessar que tenho esse desejo posso então relativizá-lo, pois sei muito bem que não é um desejo realista. Afinal de contas, não posso trancar meu marido no quarto. No trabalho, ele sempre encontrará outras mulheres, posso apenas confiar no seu amor singular por mim.

Eu também poderia perguntar ao ciúme se ele estaria me apontando para algum medo ou ferimento antigo. Talvez tenha sido decepcionada por um homem no passado ou não tenha experimentado confiança e carinho na minha infância. Então, poderei me reconciliar com meu ferimento. Assim, não me condenarei mais se o ciúme se manifestar em mim. Antes, reconhecerei esse sentimento como convite para ser grata pelo amor que tenho pelo meu marido, e, ao mesmo tempo, entregarei meus velhos ferimentos a Deus, para que eles sejam envolvidos por seu amor e assim sejam curados com o decorrer do tempo.

1.6 O convívio com meus lados sombrios

Mt 13,24-30

O psicólogo C.G. Jung vê o ser humano como marcado por polos opostos. O homem comporta em si amor e agressão, razão e emoção, gentileza e dureza, *anima* e *animus* – partes femininas e partes masculinas da alma. Muitas vezes vivemos apenas um polo e recalcamos o outro. Enquanto este permanecer nas sombras terá um efeito destrutivo. A emoção reprimida, por exemplo, assume a forma de um sentimentalismo que nos inunda e a agressão recalcada muitas vezes se expressa em doenças.

A arte da humanização consiste na reconciliação com a própria sombra. Muitos ficam chocados quando, apesar de todo esforço para serem pessoas amáveis e gentis, descobrem em si lados insensíveis, antipáticos e ofensivos.

Este é o tipo de choque experimentado pelos escravos do proprietário que havia semeado boas sementes em seu campo. "Quando o trigo germinou e fez a espiga, apareceu também o joio. Então os escravos do proprietário foram dizer-lhe: 'Senhor, não semeaste semente boa em teu campo? Donde vem, pois, o joio?' Ele respondeu: 'Foi um inimigo que fez isso'" (Mt 13,26-28).

Acreditamos que semeamos boas sementes no campo da nossa alma, mas, em meio ao trigo, descobrimos o joio. Como os escravos, nosso primeiro impulso é arrancá-lo. Mas o senhor lhes diz: "Não, para que não aconteça que, ao arrancar o joio, arranqueis também o trigo. Deixai que os dois cresçam juntos até a colheita. No tempo da colheita direi aos que cortam o trigo: colhei primeiro o joio e atai-o em feixes para queimar; depois, recolhei o trigo no meu celeiro" (Mt 13,29-30).

Queremos apenas ser pessoas boas, mas também encontramos em nós uma inclinação ao mal. Queremos apenas ser amáveis, mas descobrimos em nós ódio e sentimentos de vingança, nos assustamos diante desse joio e queremos arrancá-lo imediatamente. Mas, se o fizermos, arrancamos com ele também o trigo. O joio, do qual Jesus fala aqui, é o *lolium*, que se parece muito com o trigo e cujas raízes se entrelaçam com as do trigo. Quem, em sua tentativa de ser perfeito, tenta arrancar todo joio da sua alma, no fim acaba sem trigo para colher e sua vida se torna infrutífera. A fertilidade da nossa vida nunca é expressão de uma impecabilidade absoluta, mas resulta da confiança no fato de que o trigo é mais forte do que o joio e de que o joio poderá ser separado na colheita.

O acompanhamento espiritual não quer transformar o paciente em uma pessoa perfeita e impecável. Antes, deseja encorajá-lo a permitir ambos os lados em sua vida: o trigo e o joio. Não significa que se deva permitir o crescimento irrefreado do joio. Este precisa ser podado, mas ninguém deve se iludir e acreditar que possa arrancá-lo sozinho, isso só poderá acontecer na colheita – ou seja, na morte, pois é nessa ocasião que Deus separará em nós o trigo do joio.

Alguns acreditam que suas motivações para ajudar os outros deveriam ser completamente puras e altruístas, seu sacrifício pela família não deveria ser feito com qualquer segunda intenção. Esses são nossos ideais, mas a realidade é outra. Na verdade, nossas motivações são sempre heterogêneas e "impuras". Quando alguém prega e acredita que o faz apenas para proclamar a Palavra de

Deus, muitas vezes deixa de perceber a ambição e a vaidade que se infiltraram em suas palavras.

Os primeiros monges lidavam com isso de forma mais misericordiosa e, ao mesmo tempo, mais humilde. Numa história dos monges encontramos a Parábola do Trigo e do Joio traduzida para a vida concreta do monge. Certa vez um monge veio ao padre do deserto Poimen e lhe contou que, sempre que praticava o bem, os demônios o menosprezavam, dizendo: "– Você só faz isso para agradar aos homens". Então, Poimen contou ao monge a seguinte história: "Dois homens, que eram camponeses, viviam na mesma cidade. Um deles semeava apenas poucas sementes, e estas eram impuras; o outro não semeava nada e, portanto, não colhia nada. Agora, se surgir uma grande fome, qual dos dois terá o que comer?" O fradre respondeu: "– Aquele que semeou as poucas sementes impuras". Então, o ancião lhe disse: "Façamos então o pouco e semeemos, mesmo que as sementes sejam impuras, para que não morramos de fome".

Em tudo que fazemos devemos ser permeáveis ao Espírito de Deus. Mas sempre devemos permanecer humildes e contar com a possibilidade de que nossas atividades espirituais puras se misturem com segundas intenções. Estas são o joio. Enquanto vivermos, o joio crescerá no campo da nossa alma. Isso nos impõe humildade e nos protege de uma dureza falsa em relação a nós mesmos e aos outros.

1.7 O convívio com minhas ilusões

Lc 14,28-30

Outro assunto que sempre surge no acompanhamento é a maneira com que lidamos com nossas ilusões. Muitas vezes nos comparamos com outras pessoas e queremos ser como elas; desenvolvemos uma imagem ideal de nós mesmos, que queremos alcançar a qualquer custo. Mas muitas vezes ficamos decepcionados por não conseguirmos ser como desejamos. Nossa autoimagem é grande ou pequena demais. Os gregos tinham para isso a lenda de Procusto, o bandido, que deitava os viajantes em sua cama. As pessoas baixas eram esticadas até o tamanho da cama, e se seus hóspedes eram demasiadamente altos, o excesso era amputado e esse procedimento fazia com que ambos morressem. Muitas vezes deitamos em uma "cama de Procusto" que é grande ou pequena demais para nós. No acompanhamento, tentamos levar o paciente a se libertar dessas autoimagens erradas e a encontrar uma mais realista de si mesmo.

Ao tratar desse tema, Jesus conta a curta Parábola da Construção de uma Torre: "Quem de vós, ao construir uma torre, não senta primeiro e calcula os gastos para ver se tem com que terminá-la?" (Lc 14,28).

C.G. Jung trabalhou a vida inteira construindo sua torre, na cidade de Bollingen, às margens do lago de Zurique. Ele conta: "Necessitava representar meus pensamentos mais íntimos e meu saber na pedra" (JUNG, 1975: 196). A torre era expressão de sua realização e do seu amadurecimento: "Desde o início, a torre foi para mim um lugar de amadurecimento – um seio materno ou uma forma materna na qual podia ser de novo como sou, como era e como serei. A torre dava-me a impressão de que eu renascia na pedra. Nela via a realização do que, antes, era um vago pressentimento: uma representação da individuação" (p. 196). Jung separou um quarto nessa torre apenas para si mesmo, onde nenhuma outra pessoa podia entrar. A torre era para ele um símbolo da realização do si-mesmo (*Selbstwerdung*), a expressão daquilo que acontecera nele.

A torre é, desde sempre, a imagem para a humanização (*Menschwerdung*). Ela é redonda, e assim aponta para a completude do ser humano, seus fundamentos se encontram na terra e, mesmo assim, se estende ao céu. O ser humano precisa de um fundamento sólido na terra, em sua biografia, para então se erguer e se tornar também um ser humano do céu. O Mestre, porém, diz que devemos analisar cuidadosamente o material que temos à nossa disposição. Esse material são os nossos dons e as experiências da nossa vida, mas também nossos ferimentos e nossas feridas. A nossa biografia é o material que necessitamos moldar, precisamos trabalhar com o que temos. Não devemos nos comparar com os outros, nem partir de imagens abstratas do nosso eu, mas sim da realidade da nossa vida e da nossa intuição, que nos dá uma ideia da forma adequada para a nossa torre. Devemos construir nossa própria torre pessoal, sem nos compararmos com outros.

Cada torre tem sua própria beleza, dado que sua estrutura faça bom uso do material do qual ela é feita. Por isso, não devemos ficar olhando para as torres dos outros, nem deixar-nos guiar pelo medo nem por fantasias megalomaníacas, mas pela imagem interior que Deus tem de cada um de nós e pelo material que temos à nossa disposição. Se olharmos para a nossa alma e para a nossa biografia, conheceremos o material que podemos usar para a nossa construção: nossos dons, limites, recursos, riscos, o amor que vivenciamos e os ferimentos da história da nossa vida. Tudo isso representa o material que devemos moldar, podemos então morar nessa torre construída por nós mesmos e ela corresponde ao nosso ser.

Com essa curta Parábola da Construção da Torre, Jesus nos convida a abrir mão das ilusões ou do autodesprezo e a descobrir o prazer que encontramos ao construir nossa própria torre. Esta refletirá o nosso ser em meio a todas as outras e ela tem seu direito de ser. Nossa torre não precisa ser maior nem menor do que as dos demais, ela deve simplesmente corresponder à nossa biografia e à nossa essência interior.

1.8 O convívio com decepções

Lc 13,6-9

Uma experiência que tanto o acompanhante quanto a pessoa acompanhada costumam fazer diz respeito à decepção sobre o resultado do acompanhamento. O acompanhante tem a impressão de que nada está mudando na vida do paciente. Ele lhe mostrou como deve lidar consigo mesmo e como pode se desenvolver interiormente, mas tem a impressão de que nada disso o tenha ajudado. E o próprio paciente muitas vezes também fica decepcionado ao não ver nenhuma mudança em si mesmo, por sua árvore não trazer frutos e todos os esforços não deram em nada.

Cada um de nós conhece esses sentimentos de decepção e nos perguntamos: Qual o sentido da nossa vida? A quem ela serve? Será que não estamos ocupando o lugar de outra pessoa? Duvidamos do nosso direito de ser. Algumas pessoas, então, chegam à amarga conclusão: seria melhor se nem existisse, sou apenas um peso na vida dos outros.

Jesus nos conta a Parábola da Figueira no meio de uma vinha que simplesmente não dá fruto. O dono da vinha então chama seu agricultor e lhe diz: "Já faz três anos que venho procurando os figos desta figueira, e não acho; corta-a! Para que ocupa ainda inutilmente a terra?" (Lc 13,7). Três anos de acompanhamento não gerou em nada, o terapeuta quer investir sua energia em outro lugar e não está disposto a continuar trabalhando com um paciente para o qual aparentemente não há esperança. O paciente também tem a impressão de que está apenas "gastando o tempo" do terapeuta, ele está vivo, mas não dá fruto. Assim, não vê nenhum sentido em sua vida. Apesar de ter tentado levar uma vida significativa, sente-se inútil, ressecado, infrutífero.

Mas em reação a essa decepção, o agricultor diz: "Senhor, deixa-a ainda por este ano, para que eu cave ao redor e ponha adubo. Talvez ela dê fruto; se não der, mandarás cortá-la depois" (Lc 13,8-9).

O agricultor não desiste. Essa imagem de esperança contida na parábola deve gravar-se também na alma do terapeuta e do paciente. No acompanhamento, a terra da alma também pode ser cavada, através de conversas e do encontro com a verdade pessoal. Os mecanismos, que ainda impedem a transformação interior, algum dia deixarão de funcionar, e o paciente será confrontado com a sua verdade, suas resistências serão rompidas, e ele se abrirá para dar início à sua caminhada e lidar com a sua própria verdade.

A escavação da terra é o primeiro requisito a ser cumprido para que a árvore dê fruto. O segundo é o adubo, que pode ser símbolo para a atenção e o amor, que fazem bem ao paciente e podem levar ao florescimento da sua árvore. Normalmente, usamos esterco para fertilizar a terra, o esterco da nossa própria biografia pode ser usado como adubo. Provavelmente, o místico e pregador Johann Tauler estava pensando nessa parábola quando disse: Dia após dia, o agricultor leva o esterco ao campo, e, após um ano, o campo dá seus frutos. É uma imagem consoladora que justamente aquilo que consideramos o esterco da nossa vida – os fracassos, as coisas pouco vistosas e pouco louváveis – prepara o campo para a nossa árvore da vida e a faz florescer.

A Parábola da Figueira não moraliza. Ela nos oferece imagens que devem se projetar sobre nossas almas, transformando assim todas as imagens negativas que nos impedem de viver. Essas imagens negativas podem ser palavras como: "Nunca serei nada". "Sou um caso perdido." "Há algo de errado comigo." "Todos esses esforços não vão dar em nada." "Não consigo progredir."

A parábola toca a nossa alma, só por ouvi-la e absorvê-la em nosso coração, a terra do campo do nosso espírito é cavada e fertilizada. Mas ela não só nos dá esperança, mas nos desafia a fazer o que for possível. Se a árvore nunca der fruto, ela perde seu direito de ser. Talvez tenhamos que parar de exigir certos frutos da nossa árvore, baste os frutos menores ou a sombra que a árvore providencia.

1.9 O anseio pela completude

Mt 25; Lc 22; Mt 22

Para C.G. Jung, a completude ou a realização do si-mesmo é o alvo do caminho humano. Jesus responde ao anseio pela realização do si-mesmo com as Parábolas do Banquete e da Festa de Casamento. Nos sonhos, o casamento sempre significa a unidade de todos os opostos – não apenas a unidade de homem e mulher, mas também a unidade do céu e da Terra, do espírito e do instinto, da luz e da escuridão. O banquete também é uma imagem para a completude. Jesus nos conta três parábolas para indicar-nos um caminho para a completude.

Na Parábola das Cinco Virgens Tolas e das Cinco Virgens Prudentes, apenas as cinco virgens prudentes podem entrar para a festa de casamento (Mt 25,1-13). Elas são guiadas pela sua intuição, vivem de forma consciente e atenta. As virgens tolas não são mulheres menos inteligentes, simplesmente levam a vida de forma mais leviana, não tomam o cuidado de se preparar para a dança do casamento. Elas foram escolhidas para acompanhar o noivo numa dança até a casa da noiva, mas as virgens tratam essa honra com desleixo, Atrasam-se e encontram as portas trancadas. Conhecemos essa situação em nossos sonhos, e neles isso significa que não estamos conectados com nosso interior. Só posso participar da festa da completude se viver completamente no presente, de forma consciente e atenta. Pois Cristo pode bater à porta do meu coração a cada momento para celebrar o casamento comigo.

As outras duas parábolas do Mestre falam do banquete. São Mateus e São Lucas contam a mesma história de maneira semelhante, mas chegam a conclusões diferentes. No Evangelho segundo São Mateus, um rei convida várias pessoas para a festa de casamento do seu filho, mas os convidados não querem comparecer, preferem cuidar dos seus negócios. Outros atacam os escravos e os matam e o senhor envia um exército e manda matar os assassinos. Poderíamos interpretar essa cena como ilustração da nossa reação que cala as vozes interiores que nos convidam para o banquete da completude. Elas nos atrapalham em nossa rotina diária ou em nossa vida acomodada, mas, se essa for a nossa reação ao convite para a completude, estamos perdidos. Depois desse excurso um tanto bélico, Jesus retorna à imagem do banquete. Agora, os escravos são instruídos a convidar os que encontrarem na rua e eles convidam todos: os bons e os maus. Esta é uma imagem surpreendente, os maus também são convidados para o banquete da completude. De repente, porém, a atmosfera muda mais uma vez. Entre os convidados, o rei descobre um homem sem roupa apropriada para o casamento. Quando o homem não sabe responder à pergunta por que comparecera à festa sem roupa de casamento, o senhor ordena que seja jogado lá fora na escuridão. Todos os nossos aspectos são convidados ao banquete da completude, tanto os aspectos bons quanto os maus, mas nós também precisamos fazer algo.

A questão é: o que a roupa de casamento representa? Alguns acham que o anfitrião teria enviado uma roupa aos convidados, e vesti-la seria simplesmente um sinal de respeito pelo mesmo. Outros pensam que não era necessário comparecer com roupa festiva, mas sim com roupa limpa. Nesse caso, o ponto central seria o preparo cuidadoso de si mesmo para o mistério da completude. Esta é uma notícia boa: tudo em mim pode alcançar a união com Deus – também meus aspectos sombrios e maus –, mas preciso revesti-los com a roupa do amor, preciso oferecê-los conscientemente a Deus. Se não o fizer, eles não serão transformados, não haverá uma festa de casamento, não haverá completude.

No Evangelho segundo São Lucas a ênfase é outra. Ele nos fala de um homem que está preparando um banquete para muitos convidados, mas os mesmos inventam desculpas. Para um dos convidados, o campo que acabou de comprar é mais importante do que a festa. Nossos bens podem nos impedir de escolher o caminho da completude. Outro convidado comprou cinco juntas de bois, elas representam o sucesso e a confiança na própria força. Quem confiar demais em sua própria força ou em seu sucesso pode romper o vínculo com o coração e renegar seu verdadeiro eu.

C.G. Jung afirmou que uma vida bem-sucedida é o maior inimigo da transformação. Quem se acomodar no sucesso não prosseguirá em sua caminhada interior e ficará parado em sua imaturidade humana. O terceiro convidado usa seu casamento como desculpa para não comparecer ao banquete. O casamento é algo bom, mas existem também relacionamentos que me impedem de alcançar a minha completude.

Quando nenhum dos convidados comparece, o dono da casa ordena ao servo: "Sai depressa pelas praças e ruas da cidade e traze aqui os pobres, aleijados, cegos e coxos" (Lc 14,21).

Justamente os aspectos pobres e aleijados, os aspectos cegos e coxos podem me levar ao caminho da completude. Tudo, e principalmente aquilo que eu considero feio em mim mesmo, deve ser incluído e acolhido na completude com Deus. Posso tornar-me completo em Deus apenas se eu lhe oferecer minhas fraquezas. Tudo aquilo que eu esconder de Deus fará falta na minha completude. Se eu não aceitar as minhas fraquezas, atravessarei a vida apenas com metade daquilo que sou: um ser humano que apenas revela seus lados positivos. Quando encontramos pessoas assim, sentimos que nada pode fluir, porque algo lhes falta.

Apesar da presença de todas essas pessoas doentes, alguns lugares à mesa do banquete continuam vazios. Então o dono da casa chama seu servo e lhe diz: "Sai pelos caminhos e atalhos e força as pessoas a entrar, para que minha casa fique cheia" (Lc 14,23).

É provável que as pessoas, às quais o texto se referia originalmente, tenham sido aquelas que viviam fora de Jerusalém, ou seja, os gentios. Mas se entendermos essas palavras, como instrução para nosso caminho à completude, o que Jesus está querendo-me dizer é: também aquilo que faz parte do seu inconsciente, que você largou em algum ponto da sua caminhada, ou seja, tudo aquilo que você jamais vivenciou quer ser incluído na união com Deus. Toda a sua história é importante, traga tudo que jamais experimentou e vivenciou. Cada aspecto seu faz parte da sua completude, você não deve negar seus desvios e transvios, eles também querem levar você à sua verdadeira identidade em Deus.

Essa terapia do Mestre transmite esperança: Tudo que faz parte de você é importante, pare de julgá-lo e ofereça-o a Deus. Tudo participa da sua completude e toda sua vida, todo seu ser, tudo que estiver em você, quer ser transformado pelo Espírito e pelo amor de Deus, para que a imagem original que Ele tem possa vir a brilhar sempre mais em cada aspecto seu.

1.10 O anseio por uma vida fértil

Mt 13,1-9

Muitas pessoas investem tanto trabalho espiritual e psicológico em si mesmas, mas, apesar de todo esforço, sua vida não se torna frutífera e não vem a florescer, e elas sofrem com essa falta de progresso.

A resposta de Jesus para essa experiência é a Parábola do Semeador, que semeia suas sementes. Parte das sementes cai à beira do caminho; outra parte, em terreno rochoso; algumas sementes caem no meio dos espinhos. "Outra parte caiu em terra boa e deu frutos, uma cem, outra sessenta, outra trinta" (Mt 13,8).

O caminho calcado pelos pés dos homens representa a dureza do ser humano e sua vida pública, onde o ser humano vive apenas seu lado exterior e a semente da palavra divina não consegue germinar. O terreno pedregoso representa as pessoas que se entusiasmam facilmente, mas não possuem fundamento nem raízes, e, assim que se deparam com problemas, ressecam. Os espinhos representam as preocupações e os ferimentos da nossa vida, que sufocam a semente. As mágoas de algumas pessoas dominam sua vida a ponto de não deixarem nenhuma palavra de encorajamento alcançar sua alma e assim impedem que a semente brote.

Jesus explica por que algumas coisas não conseguem brotar em nós. Ele nos oferece um espelho, para que nos reconheçamos no caminho pisado, no terreno rochoso e nos espinhos. Ao mesmo tempo, porém, nos dá esperança. Parte das sementes caiu em chão fértil também em nós. E lá a semente germinará e dará fruto, "uma cem, outra sessenta, outra trinta" (Mt 13,8). Se permitirmos que as sementes da palavra divina, que os impulsos sutis de Deus caiam em terra boa no nosso coração, em um coração amplo e aberto, a nossa vida florescerá. Mas só podemos reconhecer essa terra boa no campo da nossa alma se reconhecermos também o caminho, as coisas calcadas e endurecidas, as raízes, das quais vivemos, e se podarmos os espinhos que tentam sufocar aquilo que deseja florescer.

1.11 O anseio por transformação

Mt 13,33; Lc 13,20-21

Às vezes ouço alguém dizer: "Li tanto. Sei como deveria viver, mas não consigo." Certa vez uma mulher me disse: "Faço há tanto tempo terapia. Quando estou na terapia entendo tudo, mas no dia a dia os velhos padrões voltam a me controlar".

A essa necessidade, o Mestre responde com a curta Parábola do Fermento. O Reino dos Céus (em São Mateus), ou o Reino de Deus (em São Lucas) é como o "fermento que uma mulher pegou e misturou com três medidas de farinha, e tudo ficou fermentado" (Mt 13,33).

A farinha representa aquilo que nos escapa por entre os dedos. Não podemos segurá-la, é espalhada pelo vento e se deita em tudo. Mas, quando a mulher mistura a farinha com o fermento, ela é transformada em muitos pães, que nos alimentam.

Jesus quer nos encorajar com essa parábola. A nossa vida não é apenas farinha que escorre por entre os dedos. Se misturarmos tudo com o fermento da sua mensagem, toda nossa vida se transformará em pão, que servirá de alimento a nós mesmos e aos outros. O texto grego fala de três seás de farinha, que correspondem a quase 40 quilos. Isso é muita quantidade. Por isso, alguns exegetas falam que a mulher misturou o fermento a uma grande gamela de trigo. Mas "três" é um número simbólico, são as partes que compõem o ser humano: cabeça, coração e ventre, ou espírito, alma e corpo. Todos os filósofos e psicólogos distinguem no homem três partes. Os contos de fadas também falam de três príncipes que partem em aventuras.

O Reino de Deus deve se manifestar em todas as três partes, que devem ser determinadas por Ele e não mais por poderes estranhos, que nos afastam de nós mesmos. Muitas vezes, nosso espírito é dominado por pensamentos alheios que o guiam em uma direção errada e nossa alma se encontra ferida por mágoas e determinada por padrões de comportamento que a privam de sua liberdade. Alguns veem em seu corpo um inimigo que precisa ser rejeitado; para outros, é um ídolo que eles veneram – deixando-se definir assim por ele e por seus impulsos. Deus deve reinar em todas as áreas. Só então o ser humano corresponderá à sua essência verdadeira.

O fermento é pouco em comparação com a grande gamela de farinha de trigo, mas ele fermenta tudo. Muitas vezes, o Reino de Deus não é visível nem perceptível, ele é uma instância interior que não podemos segurar em nossas mãos. Mesmo assim, podemos saber que Deus nos penetra completamente e cabe a nós, permitir que o fermento do Espírito divino penetre em todas as três partes da nossa existência humana. Então, tudo se transformará em pão que nutre, nosso espírito dará fruto, não só a nós mesmos, mas aos outros. Nossa alma não mais será determinada por constrangimentos, mas por Deus. E nosso corpo se torna permeável ao Pai. Assim, ele assumirá seu brilho e beleza verdadeiros.

Na sua Parábola do Fermento, Jesus não pede que façamos algo ou que nos forcemos a mudar algum padrão de comportamento. Ele nos convida a permitir que deixemos a vida acontecer, o Reino de Deus já está em nós. Na parábola é a mulher que mistura o fermento com a farinha. Muitas vezes a mulher representa a alma, o espaço interior do ser humano. A alma tem conhecimento intuitivo do Reino de Deus e do fato de que Deus deseja reinar em nós. A alma, que mistura a farinha do nosso cotidiano com o fermento e causa uma transformação em nós. De repente, há vida em cada aspecto do nosso ser, e tudo é marcado pelo Espírito de Deus. Houve transformação na profundeza da nossa alma, a nossa essência verdadeira se revela – mesmo que nosso dia a dia seja complicado e confuso.

1.12 O anseio pelo retorno à pátria

Lc 15,11-32

A parábola mais linda é encontrada no relato do Evangelista São Lucas. Com seu talento artístico, ele nos conta a Parábola do Filho Pródigo ou do Pai Misericordioso, de tal forma que as pessoas desde sempre se sentem comovidas por ela. A pergunta é: O que tanto comove as pessoas? Evidentemente, a parábola fala dos seus anseios mais profundos: de retornar de terras estranhas para seu lar, de sair da insignificância para retornar à essência, de deixar a morte para trás e voltar à vida. É o anseio que nos diz que, independente da situação em que nos encontremos e de quão perdidos estejamos, sempre é possível mudar de direção e retornar para casa. Em essência, é o anseio de encontrar nosso verdadeiro lar.

Na parábola Jesus descreve duas atitudes que todos nós conhecemos: os dois filhos representam os dois polos que também encontramos em nós mesmos. Um dos polos é nosso desejo de escapar dos limites impostos por regras e leis: o filho mais jovem quer fugir das limitações familiares e simplesmente conhecer a vida com todos seus altos e baixos, e há o outro polo, aquele que se aborrece com a misericórdia do pai.

O filho mais jovem não quer viver sua vida conforme as expectativas dos outros, quer viver sua própria vida e desfrutá-la ao máximo. Esse anseio por vitalidade, por uma vida no aqui e agora, de não querer se preocupar com o futuro, é típico dos nossos tempos. Um jornal alemão, o *Süddeutsche Zeitung*, em sua edição de 10 de setembro de 2010, cita um homem jovem com as seguintes palavras: "Esse desejo constante de querer ir embora para bem longe, pegar uma carona e ir até a casa dos amigos, divertir-se em discotecas, restaurantes, beber. O principal é não ter que ficar em casa, onde não existem refúgios, onde o quarto não é seu, as portas estão sempre abertas e o telefone se encontra na sala, em casa até os móveis ficam te observando".

Mas – assim nos conta a parábola – essa atitude leva o filho a perder a si mesmo. Ele vive desenfreadamente, sem regras e normas. Assim, perde toda estrutura e estabilidade, desperdiça sua riqueza, desgastando-se com coisas inúteis, que logo o entediam e passa a sentir-se cada vez pior. Ele, que sempre quis estar livre, agora precisa submeter-se à dependência de um estranho para sobreviver e, ao final, se encontra num chiqueiro entre os porcos, que, para os judeus, eram animais impuros sendo impossível cair mais.

Nessa situação, muitas pessoas desistem de si mesmas. Não conseguem se perdoar por terem destruído suas vidas e por terem fracassado; seu orgulho lhes proíbe. Como é que esse jovem, falido por sua própria culpa, poderia apresentar-se ao pai e ao irmão, que sempre levaram uma vida correta dentro das normas e regras? Este certamente diria: "Eu sempre disse que você não conseguiria nada na sua vida e que acabaria na sarjeta". Ninguém quer se expor a essa reação.

O homem jovem, porém, reage de forma diferente, seu sofrimento é tão grande, que começa a refletir e cai em si – ou, como diz a tradução latina: *in se autem reversus* (ele retornou a si mesmo). Assim, surge o anseio de retornar ao seu lar.

Agora, começa a conversar consigo mesmo, se comparando com os empregados do seu pai, que estão numa situação melhor do que ele. Então, toma a decisão: "Vou partir em busca de meu pai e lhe direi: Pai, pequei contra Deus e contra ti. Já não sou digno de ser chamado teu filho. Trata-me como um dos teus empregados" (Lc 15,18-19). No grego, encontramos aqui o termo *anastas*, que significa "quero levantar-me". Trata-se de uma alusão à ressurreição, o filho se sente morto e agora quer vivenciar a ressurreição.

O pai reage de forma completamente diferente daquela que o filho esperava. Ele não briga nem o critica, antes vai ao seu encontro, o abraça e beija, e lhe prepara uma grande festa: "Vamos comer e nos alegrar, porque este meu filho estava morto e voltou à vida, estava perdido e foi encontrado" (Lc 15,23-24). O pai não faz acusações, ele se alegra com o retorno do filho, com o fato de ter ressuscitado da morte para a vida; dele que havia se perdido no mundo, ter retornado a si mesmo e ao seu verdadeiro ser.

Através dessa parábola, o Mestre quer romper nossas resistências interiores contra o retorno e o perdão. Quando cometemos um erro, reagimos com autocondenação, não conseguimos nos perdoar. Devemos perdoar-nos porque Deus nos perdoou, mas essa advertência não passa da cabeça para o coração, e assim não nos alcança de verdade, para que isso aconteça, é necessário que Jesus conte uma parábola que provoque uma transformação profunda em nossa alma, em nosso inconsciente, e nos capacita a perdoarmos a nós mesmos, essa parábola nos abala, destruindo as resistências interiores.

Quando nos perdemos, desprezamos a nós mesmos. Colocamo-nos – como o filho na parábola – no mesmo nível de servos, de escravos. Mas nesse autodesprezo fugimos, tornamo-nos incapazes de retornar ao nosso verdadeiro ser. A parábola transforma nossa autoavaliação, somos encorajados a retornar para nós mesmos, independente de como vivemos até agora. Nós nos erguemos, mesmo antes de perceber o que está acontecendo conosco. Como o filho, recuperamos nossa autoestima, podemos voltar a andar de cabeça erguida, paramos de nos acusar com nosso passado e passamos a viver no presente – repletos de gratidão –, porque nos reencontramos, ressuscitando assim da morte para a vida.

O filho mais velho se aborrece com a misericórida com que o pai trata o mais jovem, que acabara de desperdiçar toda a riqueza que lhe foi dada. Agora, o filho mais velho ainda terá que trabalhar para o seu irmão. O mais velho é o filho ajustado, que obedece às leis, mas, sob a superfície do seu bom comportamento, existem fantasias sexuais e agressivas. Ele não quer saber do seu irmão, pois o mesmo gastou sua parte da riqueza do pai com prostitutas. A narrativa não entra em detalhes, mas estas são fantasias reprimidas que se manifestam em suas palavras.

O filho ajustado também deveria mudar a direção de sua vida, deveria sair do seu pequeno mundo para a liberdade, do rigor para a misericórdia. O pai entende a atitude do seu filho mais velho, mas o julga capaz de também passar por uma transformação. Carinhosamente ele lhe fala da comunhão que ambos têm: "Filho, tu estás sempre comigo e tudo o que é meu é teu. Mas era preciso fazer festa e alegrar-se, porque este teu irmão estava morto e voltou à vida; tinha-se perdido e foi encontrado" (Lc 15,31-32).

O pai não repreende seu primogênito, ele o convida para a alegria – e esse convite se estende a nós, que também temos esse lado do irmão mais velho. A parábola não diz se o irmão mais velho aceita o convite. Jesus não nos força a nada. Ele nos convida: se aceitarmos o desafio da parábola e a ouvirmos com o coração, ocorrerá uma ampliação do nosso espaço interior confinado, o nosso coração se abrirá. Então, poderemos perdoar a nós mesmos e aos outros. Quando nos reencontramos, nos levantamos e retomamos a nossa caminhada, sem nos acusarmos constantemente dos nossos erros e fracassos passados, encontramos o caminho de volta para a casa, que é nosso verdadeiro lar e onde podemos celebrar a vida.

1.13 O anseio de reencontrar aquilo que perdemos

Lc 15,8-10

O tema da perda já é mencionado na Parábola do Filho Pródigo, mas com ênfase maior na culpa. Na Parábola da Moeda Perdida a culpa não ocupa um papel de destaque. Aqui, o tema é a perda do nosso centro, do nosso si-mesmo[1]. Não sabemos mais quem somos, perdemos nossa pátria interior, nossos ideais, nossa vitalidade, nossa força, nosso entusiasmo.

No acompanhamento espiritual as pessoas frequentemente lamentam o fato de terem perdido tantas coisas que, no passado, eram-lhe sagradas: "Perdi meu relacionamento com Deus". "Perdi o contato comigo mesmo". "Sinto-me perdido dentro da comunidade". "Perdi minha vocação". "Passei a viver sem rumo" etc. A parábola

---

1 O "si-mesmo" (*das Selbst*) é, segundo C.G. Jung, o centro da nossa personalidade, o cerne divino da alma.

da moeda perdida é uma resposta a esse sentimento de perda interior e o protagonista é uma mulher.

O Evangelista São Lucas retrata as mulheres muitas vezes como viúvas ou solteiras. A mulher não é definida por sua relação com o homem, ela se sente à vontade consigo mesma. Essa parábola, portanto, não fala dos relacionamentos com homens, mas da individualidade e da autonomia da mulher.

A mulher possui dez moedas, dez é o número da completude, a pessoa que possui dez moedas é completa e sã. Mas essa mulher perdeu uma das moedas, o que significa perder sua completude; significa a perda da união consigo mesma e com Deus; e o afastamento do seu centro, sem o qual as nove moedas restantes de nada servem. As moedas se separam uma da outra, não estão mais conectadas. A mulher sabe da sua perda, sabe que perdeu a si mesma.

Gregório de Nissa, o teólogo e místico grego do século IV, interpreta a moeda como símbolo de Cristo. Em termos psicológicos, poderíamos dizer que a moeda simboliza o si-mesmo. Quem perde seu si-mesmo ainda consegue fazer muitas coisas, mas em tudo que faz falta-lhe o centro, a força, a clareza.

Agora, a mulher acende uma lanterna. Para Gregório, esta representa a razão. Ela precisa da luz da razão para iluminar a escuridão do seu inconsciente e nele procurar a completude perdida. São Lucas, certamente, também teve em mente a luz da fé. Apenas por meio da fé a razão se ilumina verdadeiramente. Precisamos da luz de Deus para procurar a moeda perdida em nossa casa interior.

A mulher então varre a casa inteira, removendo a sujeira que se acumulou no chão. Gregório interpreta essa sujeira como símbolo da desatenção com que vivemos. Quando nos dedicamos a muitas atividades sem a devida atenção, a nossa casa fica suja, não somos mais donos nela, uma camada de poeira se deita sobre o chão da nossa alma. Por isso, precisamos varrê-lo com afinco para recuperar o brilho original da nossa alma. Enquanto varre a casa, a mulher, incansável, continua procurando. A palavra grega *epimelos* significa: "vigilante, cuidadoso, zeloso, diligente". A mulher olha com atenção e procura com muito cuidado, ela quer muito encontrar a sua moeda. O ser humano não procura apenas Deus, ele também procura a si mesmo, seu verdadeiro ser, que, muitas vezes, perde.

A mulher encontra sua moeda, encontrando a si mesma. Agora, reúne suas amigas e vizinhas: "Alegrai-vos comigo, achei a moeda que tinha perdido" (Lc 15,9). Quem encontra a si mesmo, encontra também um novo relacionamento com seus próximos. A mulher chama apenas mulheres, quer celebrar com elas a festa da realização do seu si-mesmo. Ela encontrou a moeda perdida; encontrou Deus como fundamento da sua existência humana e encontrou o seu si-mesmo. De acordo com C.G. Jung, não podemos encontrar nosso si-mesmo se não encontrarmos a imagem de Deus em nossa alma. O si-mesmo não é o produto da nossa biografia, mas a imagem primordial que Ele tem de cada um de nós.

Uma parábola sempre apresenta diversos níveis, ela concede ao leitor a liberdade de redescobrir seus próprios anseios e experiências de forma nova. A mulher pode ser uma imagem para a alma do ser humano que se afastou do seu centro e agora está à procura do seu si-mesmo verdadeiro. Mas ela também pode ser uma imagem para o Pai, que está à procura da pessoa perdida e que revira a casa inteira para encontrá-la. Se interpretarmos a parábola desta forma, Ele é descrito através da imagem de uma mulher.

O místico alemão Johann Tauler interpreta essa parábola assim: justo quando finalmente estamos bem acomodados em nossa casa da vida, Deus age como uma mulher que vira tudo de cabeça para baixo para procurar a moeda. Tauler acredita que, principalmente no meio da vida, tendemos a nos acomodar, ocupamo-nos com tantas atividades externas que acabamos perdendo a moeda. Assim, Deus nos leva à crise, ao "aperto", para encontrar em nós a moeda: nosso verdadeiro si-mesmo. Nos leva ao fundo da nossa alma, lá encontramos a moeda, a imagem original que Ele tem de nós.

Não importa como interpretamos a parábola. Ela desperta um anseio de reencontrarmos em nós mesmos aquilo que perdemos. Essa simbologia é muito antiga e a descobrimos com frequência também em outras religiões e culturas. As mulheres romanas, por exemplo, costumavam fazer uma procissão no dia 2 de fevereiro. Caminhavam pelas ruas da cidade com velas nas mãos à procura de suas filhas perdidas. O mito de Prosérpina, que havia sido roubada pelo deus do submundo, as inspirou para essa procissão. As filhas perdidas representam a vitalidade e o frescor perdidos, o estado original e imaculado, aquilo que promete um futuro, os sonhos da vida.

A Parábola da Moeda Perdida quer conectar-nos com tudo aquilo que perdemos, e quer lembrar-nos de que nunca é tarde demais para procurar aquilo que foi perdido. Em vez de lamentar a perda, devemos ir à procura como a mulher na parábola. Reencontraremos o que perdemos, e então poderemos fazer uma festa da alegria.

1.14 O anseio pelo si-mesmo verdadeiro

Mt 13,44-46

O alvo do caminho terapêutico é, de acordo com C.G. Jung, a realização do si-mesmo, que é o centro interior do ser humano, englobando tanto o consciente quanto o inconsciente. Jung contrasta o si-mesmo com o ego, que é o cerne consciente da pessoa. O ego quer se apresentar, brilhar em sua aparência exterior, viver suas necessidades e ser o centro das atenções. O si-mesmo quer simplesmente ser, de forma verdadeira e autêntica, e viver no seu centro.

Todos gostariam de encontrar seu si-mesmo verdadeiro. Mas a pergunta é: Como podemos encontrar o caminho que leva ao cerne do ser humano, ao santuário interior, como a filosofia estoica chama o "si-mesmo"? (*autos*, em grego).

Nas duas Parábolas do Tesouro no Campo e da Pérola Preciosa Jesus nos mostra como e onde podemos encontrar o si-mesmo. O tesouro e a pérola são imagens para o si-mesmo verdadeiro.

O tesouro está enterrado no campo e precisamos cavar a terra da nossa alma para achá-lo. O campo e a terra representam a dimensão terrena do ser humano, mas também seus lados sombrios. Quando pensamos em terra, remetemos à sujeira; quando os sapatos estão sujos de terra, sentimos a necessidade de limpá-los. Mas a terra também representa a fertilidade, o trigo cresce no campo. Todo agricultor estima seus campos preciosos, gosta de avaliar a leiva com suas mãos. Mas muitas pessoas que vivem nas cidades preferem evitar o contato com a terra do campo. Elas preferem andar em caminhos pavimentados. Segundo o Mestre, porém, nosso si-mesmo se encontra enterrado na terra do campo, precisamos cavar o campo da nossa alma, escavar as profundezas da terra para encontrar ali o si-mesmo.

O campo não aponta apenas para o campo da alma, mas também para o corpo. A terra do campo nos mostra que precisamos procurar o tesouro no aspecto terreno, no físico da nossa existência humana. Nosso si-mesmo se expressa em nosso corpo, podemos ver nele se alguém conseguiu realizar seu si-mesmo. Quem tiver uma postura rígida ainda não encontrou seu si-mesmo. É preciso humildade – *humilitas* em latim – para procurar o tesouro no húmus da sua alma, mas, quando o encontramos, podemos vender todo o resto. O si-mesmo é o tesouro verdadeiro, a riqueza verdadeira da nossa vida, que não é encontrada em bens externos, mas na nossa alma, no nosso si-mesmo verdadeiro.

A imagem da pérola preciosa, pela qual o comerciante vende todos os seus bens, nos mostra outro caminho para o si-mesmo. A pérola cresce nas feridas da ostra, no caminho espiritual e no da nossa humanização, precisamos aprender a descobrir a pérola nos ferimentos da nossa própria biografia. Vinte anos atrás, na inauguração da casa *Recollectio* em Münsterschwarzach, o teólogo pastoral e escritor espiritual Henry Nouwen disse: "Onde estivermos quebrados, onde estivermos feridos, lá também se quebram as máscaras que usamos. Somos quebrados para revelar nosso si-mesmo verdadeiro". Paramos de esconder nosso si-mesmo por trás de uma fachada, permitimos que nossos ferimentos quebrem a fortaleza que construímos em volta do nosso coração para proteção da dor. Esperamos que a terapia cure nossas feridas, mas Jesus nos mostra outro caminho: primeiro devemos descobrir a pérola – nosso verdadeiro si-mesmo – em nossos ferimentos, quando a tivermos encontrado, a ferida para de doer, mas permanece. Hildegarda de Bingen vê o propósito do processo da humanização justamente na transformação dos ferimentos em pérolas.

A Parábola dupla do Tesouro no Campo e da Pérola Preciosa transforma nossa visão do caminho que leva ao nosso si-mesmo verdadeiro. Tendemos a buscar o si-mesmo pelo caminho intelectual ou por meio de métodos terapêuticos ou espirituais, mas Jesus nos aponta para o caminho da humildade: para o que nos leva às próprias profundezas. Lá, deparamo-nos com os lados sombrios e o aspecto terreno da nossa vida e encontramos nossos ferimentos. É justamente nessas duas áreas que podemos encontrar o tesouro, a pérola preciosa; é exatamente aqui que alcançamos nosso verdadeiro si-mesmo. Alguns têm a impressão de que estão escavando o campo da sua própria vida e sujando suas mãos à toa; no entanto, já estão próximos do tesouro, devem continuar escavando a terra, cheios de esperança. Algum dia o tesouro se revelará também no campo das suas almas.

Nas parábolas, Jesus nos mostra formas de lidarmos com nossas paixões, de transformarmos nossa inveja, nossa raiva, nosso medo em energia interior e de revertermos a nossa desesperança e desespero em confiança e fé. Ele nos recomenda um caminho terapêutico, que cada um precisa caminhar.

Quem lê as parábolas e aceita seus desafios já se encontra no caminho da transformação. Adquire uma visão nova, e, através da nova autoimagem e imagem de Deus, também é renovado. Mas muitas vezes também precisamos de um acompanhante, que – para cada problema interior específico – saiba contar a parábola apropriada e assim nos desafiar a analisar a nossa situação de outro ponto de vista.

As parábolas são parte essencial dos métodos terapêuticos de Jesus. Ele cura por meio de histórias, cura usando palavras que abrem nosso coração para nossa própria verdade e para o Pai, que é o verdadeiro médico das nossas almas.

2

OS MÉTODOS TERAPÊUTICOS DE JESUS EM SUAS PALAVRAS

Jesus pregou ao povo, instruiu seus discípulos, eles juntaram suas palavras de forma desordenada e as transmitiram para outros. Os evangelistas, então, puseram essas palavras em papel e, muitas vezes, as apresentaram em forma de palestras. São Mateus, por exemplo, combinou as palavras do Mestre em cinco grandes discursos, que correspondem aos cinco livros de Moisés do Antigo Testamento. Jesus é aquele que revela o caminho para a vida, sua maior palestra é o Sermão da Montanha, assim como Moisés recebeu a lei de Deus no Monte Sinai, Jesus também proclama o novo mandamento aos discípulos do reino do Pai.

Para São Mateus, Ele é o mestre da sabedoria, que nos mostra como podemos ter uma vida bem-sucedida, é sua vontade que tenhamos uma vida bem-sucedida; vemos isso nas muitas bem-aventuranças – não só nas oito bem-aventuranças do Sermão da Montanha e nas quatro bem-aventuranças no início do Sermão do Campo, no Evangelho segundo São Lucas. Jesus não se cansou de mostrar às pessoas como poderiam ser felizes e bem-aventuradas e como poderiam encontrar a felicidade verdadeira.

Em suas bem-aventuranças nos mostra um caminho realista para alcançarmos a harmonia conosco em meio aos perigos e às turbulências da nossa vida. Nas palavras de sabedoria dele, transmitidas pelos evangelistas em seus discursos mais longos, descobrimos o seu conhecimento psicológico. Muitas vezes sua sabedoria terapêutica recorre à sabedoria de outras religiões (em São Mateus) ou à sabedoria da filosofia grega (em São Lucas) e as inclui em seus discursos.

Muitos autores já expuseram a sabedoria psicológica do Sermão da Montanha e de outros mandamentos seus. Em outra ocasião eu mesmo já tentei interpretar as oito bem-aventuranças como caminho óctuplo para uma vida bem-sucedida. Neste livro quero limitar-me a algumas poucas palavras de Jesus: principalmente as que, à primeira vista, parecem inacessíveis e incompreensíveis. Antigamente, essas eram interpretadas de forma moralizante, o que fazia as pessoas se sentirem incapazes de cumpri-las, transmitia-se o medo de não satisfazerem as exigências do Mestre. Para mim, porém, a chave para a minha interpretação dessas palavras é a declaração de Santo Agostinho: "A palavra de Deus é o inimigo da tua vontade, até tornar-se originador da tua salvação. Então, a palavra de Deus também estará em harmonia contigo".

Para mim, isso significa: sempre que uma palavra de Jesus me aborrece, isso me diz que estou sendo meu próprio inimigo, que estou cultivando uma imagem de mim, da vida e do Pai que não corresponde à verdade e que me prejudica. Ao confrontar-me com sua palavra alcanço a harmonia comigo mesmo e, quando eu estiver em paz com meu coração, ouvirei também a palavra de Deus como a de um amigo: que me leva à vida verdadeira.

Aquilo que Santo Agostinho estabeleceu como máxima para a interpretação das palavras da Bíblia – e principalmente para as de Jesus – há cerca de 1.600 anos, Eugen Drewermann expressou em termos mais psicológicos. Ele diz que as palavras não deviam ser interpretadas de forma moralizante, mas de forma religiosa. Se forem compreendidas apenas como exigência nos sentimos sobrecarregados e ficamos amedrontados. Entender as palavras de forma religiosa significa permitir que elas nos levem às profundezas da nossa própria existência.

As palavras de Jesus não querem dar uma resposta à pergunta: "O que devo fazer?" Mas sim à pergunta: "Quem sou eu?" Por isso, a forma paradoxal faz parte da fala religiosa, assim como é também muito usada no *koan* ou no ensino do taoísmo. A palavra paradoxal – e muitas das palavras do Mestre são paradoxais – "exige uma longa reflexão na solidão, ela provoca a consternação e revela que certos problemas não podem ser resolvidos nem pela razão nem pela determinação de intenções morais" (DREWERMANN, 1985: 676). No que se refere aos seus métodos terapêuticos, interessam-me principalmente as palavras dele que parecem paradoxais, que são parecidas com um *koan*, e as imagens que só podem ser entendidas se imergirmos no imaginário da linguagem dele. Normalmente, trata-se de palavras que nos foram transmitidas por seus discípulos como soltas e individuais, nem sempre é possível conhecer o contexto em que Jesus as disse. Os esforços dos exegetas, de sempre determinar o contexto histórico exato, não são tão importantes para mim. O que importa é que essas palavras têm um sentido mais profundo, elas também podem desenvolver novos efeitos em situações diferentes da nossa vida. Nenhuma dessas palavras quer apenas ensinar, todas elas querem transformar a nossa experiência, querem nos levar a outro nível do pensar e do sentir, não podemos simplesmente levá-las para casa, mas mastigá-las como pão. Só então – como já diziam os profetas – as palavras de Jesus, que no início ainda têm um gosto amargo, transformam-se em mel na nossa boca.

2.1 *Koans* que nos levam a outro nível

O propósito dos *koans* da tradição zen é levar a pessoa a outro nível. Essas palavras aparentam não ter nenhum sentido lógico e não podem ser reduzidas a uma fórmula de ensino. Antes, forçam nossa razão a abandonar o nível do pensamento lógico para descobrirmos o mistério do religioso, o mistério da nossa existência perante Deus.

Eugen Drewermann cita Martin Buber, que descreveu o mistério dos *koans* (que ele traduz como "manifestação") da seguinte forma: "O que lhes é comum é que, no decorrer de sua 'manifestação', um problema básico apresentado direta ou indiretamente se manifesta como insolúvel racionalmente, como paradoxo que não pode ser resolvido por nenhum teorema, apenas por uma atitude essencial da pessoa humana que suspende toda a esfera conceitual" (DREWERMANN, 1985: 697). O propósito do *koan* é levar-me à profundeza da minha alma, onde começo a ter uma noção do mistério da minha existência, sem, porém, poder descrevê-lo em palavras.

Já o Evangelista São Marcos nos mostra que as palavras de Jesus podem ser interpretadas como *koans*, quando diz: "Com muitas parábolas como esta, Jesus anunciava-lhes a palavra segundo podiam entender, e nada lhes falava sem parábola; mas em particular explicava tudo a seus discípulos" (Mc 4,33-34).

A palavra grega *parabole* poderia ser traduzida também como "fala em enigmas". Jesus não contou apenas parábolas, muitas das suas palavras eram também enigmáticas. Mas é justamente esse costume de Jesus, de falar em enigmas, que possui um efeito terapêutico. Nas palavras de enigma encontramos sempre aquele Jesus que, no fim das contas, é incompreensível. Mas quando absorvemos seus enigmas e os meditamos, eles nos levam a outro nível. Lá encontramos não apenas o mistério de Jesus, mas também o da nossa própria vida. Então, alcançamos uma nova compreensão de Deus. E o Deus que Jesus proclama se revela a nós como Deus misericordioso, que se aproximou de nós na pessoa de Jesus, e como o verdadeiro médico das nossas almas. – Quero escolher apenas alguns desses *koans*:

> Deixa que os mortos enterrem os seus mortos; tu, porém, vai e anuncia o Reino de Deus (Lc 9,60).

Essa frase é logicamente impossível, pois os mortos não podem fazer mais nada, não podem enterrar outros mortos. Mas, se absorvermos essa palavra, ela entra em contato com tudo aquilo que está morto em nós mesmos: tudo que não significa vida, com a rotina repetitiva do nosso dia a dia, com o vazio interior, com as coisas estagnadas da nossa alma.

Jesus não nos diz como os mortos devam enterrar seus mortos. Mas, ao meditarmos sobre sua palavra, as coisas mortas e estagnadas se manifestam em nós – e são enterradas ao mesmo tempo. Não giramos mais em torno do morto, agora o soltamos, permitimo-nos deixá-lo para trás e enterrá-lo, e despertamos em nós o desejo de viver não mais sob o domínio de palavras ou normas mortas, mas sob o domínio de Deus. Quando abro mão de relacionamentos estarrecidos, de costumes e rituais esvaziados, a palavra me liberta da minha consciência pesada. Nós nunca chamaríamos essas coisas de mortas. Com sua linguagem radical, Ele nos permite chamar as coisas pelo que são e declará-las mortas. Com sua fala de deixar que os mortos enterrem seus mortos, Ele convida a me afastar das coisas que não mais me dizem respeito. Muitas coisas – como dinheiro e segurança material – não estão ligadas à minha vida verdadeira, devo concentrar-me no Reino de Deus e na sua proclamação, mostrar como Ele desenvolve seu reinado em nós. Quando Deus reinar em mim, torno-me vivo.

> Mas muitos dos primeiros serão os últimos e dos últimos serão os primeiros (Mc 10,31).

A palavra dos primeiros que serão os últimos, e dos últimos que serão os primeiros, é citada pelos evangelistas em várias ocasiões e, aparentemente, comoveu muito os ouvintes. À primeira vista, porém, não fica claro o que nelas comove, porque não é lógico que os primeiros sejam os últimos, mas, quando esse conceito nos penetra e somos confrontamos com ele – como acontece também com os *koans* –, cresce a noção de que tudo é relativo.

O fato de sermos bem-sucedidos ou não, a pergunta se algo serve para o bem ou para o mal, se somos espiritualizados ou não, tudo isso é relativo. Nossos lados fortes podem ser fraquezas e nossas fraquezas podem se transformar em força. Essa palavra nos liberta do vício de sempre avaliarmos nosso caminho espiritual ou terapêutico, de sempre querermos saber exatamente em que ponto nos encontramos em nosso processo de amadurecimento espiritual ou humano. Todas essas avaliações são fúteis. No Reino de Deus, os primeiros serão os últimos, e vice-versa. As medidas desse mundo não se aplicam quando estamos na presença de Deus.

Na terapia do confronto, alguns conselheiros e terapeutas usam esse tipo de *koans* – não para apresentar soluções fáceis, mas para desafiar as pessoas a verem sua situação de forma diferente. Um conselheiro, que trabalha em hospitais, deu esse *koan* a doentes que lamentavam o fato de justamente eles serem vítimas de câncer. À primeira vista, isso parece um tanto ousado, mas se eu, como doente, me confrontar com essa palavra, se a "mastigar", aos poucos ela me levará a outra percepção da doença. Talvez me sinta como se fosse o último e passo a perceber que posso ser o primeiro, ou sempre tenha me visto como o primeiro, tanto na profissão quanto na saúde, e agora preciso aprender a ser o último. Essa palavra, quando mastigada, não tem um gosto muito agradável, mas aquele que aceitar o seu desafio será elevado a outro nível – a um nível que se encontra além de doença e saúde, além de fracasso e sucesso, além de fraqueza e força.

> É mais fácil um camelo passar pelo buraco de uma agulha do que um rico entrar no Reino de Deus (Mc 10,25).

Os discípulos se assustam com essa declaração de Jesus, pois todos têm pelo menos um pouco de dinheiro e de uma forma ou de outra todos são ricos. Isso significa então que nenhum de nós poderá entrar no Reino de Deus? Isso contradiria a mensagem do Mestre.

Alguns exegetas tentaram amenizar esse *ko m* de Jesus substituindo "buraco de agulha" por "portão estreito". Nisso, porém, a declaração dele perde sua força. É necessário permitir que ela faça efeito a fim de reconhecer que eu – enquanto me definir com base nas minhas riquezas – não poderei entrar no Reino de Deus. Enquanto a riqueza me domina, Ele não pode reinar em mim.

Mas Ele não pretende proclamar aqui uma verdade absoluta. Por isso, leva seus discípulos a outro nível: "Para os seres humanos isso é impossível, mas não para Deus;

pois para Ele tudo é possível" (Mc 10,27). A palavra de Jesus é como um espinho que entra em nossa carne e que não nos deixa em paz. Ela nos força a perguntarmos o quão rico somos. Essa riqueza, porém, não pode ser medida em bens materiais, mas em nossa atitude interior, e essa, por sua vez, não pode ser medida com uma régua ou com uma balança. Assim, sua palavra nos deixa a sós com nossa pergunta, nos leva a uma pergunta que nos desperta da inércia e que transforma nossa atitude sem que percebamos. Ela quer nos afastar do nível das medidas, das avaliações e dos julgamentos e nos levar a outro nível. É o nosso relacionamento com o Pai que determina se somos, ou não, ricos. Assim, a palavra nos leva para Ele e não para o moralismo.

2.2 Palavras figuradas

Jesus usa uma linguagem rica em figuras, que são como uma janela pela qual podemos ver os mistérios de Deus e da nossa vida. Figuras não definem, elas abrem. A linguagem figurada é sempre moderna, pois nossa alma pensa em figuras.

Em suas palavras figuradas – assim acreditava C.G. Jung – Jesus se dirigia às imagens arquetípicas da nossa alma. Essas nos conectam com nosso si-mesmo verdadeiro, nos levam até a fonte interior que jorra em nós. Não devemos refletir demais sobre as imagens e interpretá-las, elas querem impregnar-se em nosso coração, querem nos conectar com a imagem original que Deus tem de cada um de nós.

Segundo Platão, a pessoa culta não é aquela que sabe muito, mas aquela que absorveu muitas imagens boas, aquela que tem a imagem divina impregnada em si. As palavras figuradas de Jesus têm o propósito de conectar-nos com a imagem divina em nós, para que nos libertemos das imagens que outros projetaram em nós, das de autodesprezo ou de uma autoestima exagerada.

As imagens que o Mestre nos mostra são curadoras e encorajadoras, elas despertam em nossa alma a noção que temos de uma vida bem-sucedida:

> Quem disser a este monte: "Sai daí e joga-te ao mar" e não duvidar em seu coração, mas acreditar que vai acontecer o que diz, assim acontecerá (Mc 11,23).

Muitas pessoas se veem diante de uma montanha de problemas, não sabendo por onde começar para resolvê-los. É nessa situação que Ele declara sua palavra de fé que remove a montanha de problemas, se levássemos essa palavra ao pé da letra, poderíamos dizer a cada montanha que se jogasse ao mar, mas Jesus não quer nos incitar à mágica, quer que acreditemos.

No sonho, a montanha costuma representar um obstáculo intransponível. Nos contos de fada, primeiro a montanha precisa ser removida, antes que a noiva real possa ser conduzida para a casa do noivo (DREWERMANN, 1985: 680).

Também falamos de um "monte de trabalho", de uma "pilha de correspondência" na nossa escrivaninha, de uma "montanha de dificuldades" que precisamos resolver. A imagem da montanha nos lembra da impossibilidade de fazer tudo aquilo que os outros esperam de nós.

Mas não deveríamos capitular diante dessa montanha. Jesus nos aponta para a fé que joga a montanha no mar. A fé é como um milagre: de repente, a montanha desaparece como se tivesse sido jogada ao mar. Agora, nossa visão está desinibida e nosso caminho está desobstruído e podemos continuar.

A fé é uma nova maneira de ver. Alguns param diante da montanha, eles ficam hipnotizados pelos muitos problemas e assim bloqueiam seu próprio caminho. Na fé supero o nível em que os problemas se amontoam. Passo a vê-los de uma posição mais elevada, do ponto de vista de Deus. Eles então implodem como uma montanha. Assim, não preciso ficar parado diante dela, mas posso continuar em meu caminho.

Os problemas que obstruem meu caminho não mais me assustam, a fé me ajuda a relativizá-los e encará-los com confiança. Muitas vezes isso já basta para diminuí-los; assim não mais me impedem de viver, antes despertam minha fé.

> Entrai pela porta estreita, pois larga é a porta e espaçoso o caminho que leva à perdição, e muitos são os que por ele entram. Quão estreita é a porta e apertado o caminho que leva à vida, e poucos são os que o encontram! (Mt 7,13-14).

A porta estreita que atravessamos representa a nossa porta pessoal, que precisamos encontrar e atravessar, para deixar o rastro da nossa própria vida neste mundo. O caminho espaçoso representa o que todos usam, o apertado é o caminho que Deus preparou para cada um de nós: é o caminho no qual vivemos a imagem que Ele tem de cada um de nós.

O caminho estreito é também o caminho consciente. À primeira vista, viver de forma consciente parece ser algo cansativo. Na verdade, o caminho estreito leva a um horizonte mais amplo. Nele, alcançamos a harmonia conosco. Aquele que se contenta em seguir os outros não vive de verdade. Nosso processo de humanização só pode ser completado se encontrarmos nosso caminho pessoal e andarmos nele.

Isso exige uma reflexão consciente sobre quem eu realmente sou, o meu chamado e o rastro que quero deixar neste mundo com minha vida. Não devemos nos orientar por outras pessoas e nos comparar com elas, precisamos encontrar a porta que foi reservada para nós, a porta que leva à vida.

Esta porta não é estreita por exigir demais, mas porque devemos conscientizar-nos daquilo que é certo para nós e do caminho que devemos percorrer diante de Deus, devo viver a imagem singular que Ele tem de mim. Isso tudo só pode ser descoberto através de uma reflexão e sensibilização consciente. Quando eu viver a imagem singular dele em mim, me transformarei em uma bênção para outros.

John A. Sanford, um clérigo anglicano e aluno de C.G. Jung, afirma: "O caminho largo é aquele da vida que seguimos de forma inconsciente, é o caminho da menor resistência e da identificação com as massas. O estreito exige consciência e atenção desperta se não quisermos nos desviar do caminho" (SANFORD, 1984: 42s.).

O que Jesus diz nessa palavra é confirmado pelos nossos sonhos. Muitas vezes sonhamos com caminhos ou aberturas estreitas que precisamos atravessar ou com encruzilhadas em que nos encontramos.

No fundo do nosso coração, sabemos que nossa vida precisa atravessar essa porta estreita para podermos seguir nosso caminho. Seguir às massas, adequar-se às suas normas – isso é o caminho largo. Mas segui-lo significa permanecer no inconsciente. Se quisermos descobrir quem somos e qual é o mistério da nossa alma precisamos resistir às massas e sofrer "a tortura e a labuta de tornar-nos pessoas conscientes, que não podem mais esconder seus medos por trás de uma identidade das massas" (p. 42).

O escritor judeu Franz Kafka ilustrou a mensagem dessa palavra em seu conto do castelo. Ele conta a história de um judeu que vai ao castelo em Praga para cumprir uma incumbência, mas o porteiro não o deixa entrar. O judeu espera, os anos se passam, e ele fica velho e fraco. Pouco antes de o judeu morrer, o porteiro lhe diz: – Agora posso fechar a porta, pois ela existia apenas para você. Existe uma porta que é destinada apenas para nós. Precisamos encontrá-la.

> Depois que o dono da casa tiver fechado a porta, começareis a bater do lado de fora,

dizendo: "Senhor, abre-nos a porta". Mas ele responderá: "Não sei de onde sois" (Lc 13,25).

Conhecemos essa imagem nos nossos sonhos. Quando sonhamos com uma porta trancada, isso significa que perdemos o contato com nosso interior, com nosso coração, com nossa alma e vivemos apenas o lado externo. As pessoas que o dono da casa afirma não conhecer vivem apenas na exterioridade. Elas não têm uma vida ruim. Mas tudo que fazem acontece apenas no mundo exterior e não tem nenhuma relação com seu coração. Até mesmo sua fé é meramente exterior. Elas vão à igreja e cumprem os rituais. Mas ao fazê-lo não entram em contato com seu coração. Elas até se ocupam com Jesus, dizem ter comido e bebido com Ele e ter ouvido seu ensinamento. Mas seu coração está fechado. Jesus não conseguiu penetrar nele.

O Mestre nos convida a voltar do exterior para o interior e a restabelecer o contato com nosso coração. Só assim nossa vida será bem-sucedida. Com essa mensagem forte Jesus, nos convida a procurar e encontrar a chave para abrir a porta da casa da própria alma, a entrar em contato com nosso coração e com nosso mundo interior, com o mundo do inconsciente e com o mundo da noção interior de uma vida plena. Não basta aprender algo sem interiorizar a lição. Quem não entrar em contato com sua alma, será excluído da vida, "do Reino do Pai", como Jesus diz no Evangelho segundo São Lucas:

> Entra logo em acordo com teu adversário, enquanto estás com ele a caminho do tribunal, para que ele não te entregue ao juiz, e o juiz ao oficial de justiça, e sejas posto na cadeia. E eu te garanto que não sairás dali até que tenhas pago o último centavo (Mt 5,25-26).

Essa palavra se refere a um acontecimento interior. Quando o inimigo é uma força externa nem sempre há motivos para assumirmos a culpa. Mas quando o inimigo se encontra no nosso interior e nós não conseguimos entrar em acordo com ele, os responsáveis somos nós mesmos, e precisamos lidar com nossa sombra e reconciliar-nos com o inimigo interno que rejeitamos.

Se não chegarmos a um acordo com o inimigo em nossa alma, ele se transformará em um tirano que nos dominará e o nosso juiz interior nos condenará constantemente e nos jogará na prisão da nossa própria autorrejeição. Aquilo que rejeitamos em nós se transforma em nosso juiz interior e esse nos manterá confinados na prisão do nosso próprio medo e constrangimento. Lá precisamos pagar por tudo aquilo com que não quisemos nos reconciliar. O que não quisemos aceitar nos perseguirá, sempre voltará a levantar sua voz e nos torturará. Isso vale para o medo recalcado, para a sexualidade reprimida, para a raiva engolida. Muitas vezes pagamos por isso com nossas doenças psicológicas, nossos sintomas neuróticos.

Certa vez C.G. Jung disse que a neurose é uma substituição do sofrimento inevitável, que acompanha a realização do nosso si-mesmo. Reconciliar-nos com nossas fraquezas e nossos lados sombrios é um processo doloroso, mas, quando tentamos evitar essa dor e ignoramos o nosso adversário, acabamos presos na prisão dos nossos padrões neuróticos. Para que a realização do si-mesmo ocorra precisamos chegar a um acordo com nosso adversário interior, enquanto ainda estivermos em nosso caminho, e não podemos esperar pela reconciliação até o último juízo na morte. A reconciliação nos salva da prisão interior onde nos encontramos tantas vezes porque negamos ou não aceitamos nossas fraquezas. A cura significa também reconciliação, nosso inimigo interior só se transformará em nosso amigo e ajudante no nosso caminho para a cura se nos reconciliarmos com ele.

> Se teu olho direito te leva a pecar, arranca-o
> e joga longe de ti, pois é preferível perder um

dos teus membros do que teu corpo inteiro ser lançado no inferno. E se tua mão direita te leva a pecar, corta-a e joga longe de ti, pois é preferível perder um dos teus membros do que teu corpo inteiro ser lançado no inferno (Mt 5,29-30).

Essa declaração do Mestre assusta as pessoas que tendem a autopunir-se e, imediatamente, perguntam-se se cometeram algum pecado com seus olhos ou suas mãos (como em São Mateus 5,30). Mas Jesus não fala aqui de controle, nem de medo e punição. Só conseguiremos entender essa mensagem se levarmos a sério a sua natureza figurada.

O olho direito é o olho consciente, é o olho masculino, que domina, avalia e julga, que quer vencer, e, às vezes, também matar, o avarento que deseja possuir tudo. O olho esquerdo é o olho inconsciente, o olho feminino, que aceita, admira-se, que observa e percebe. A mão direita é a mão do realizador, daquele que se julga capaz de conseguir tudo que deseja; a mão esquerda é a mão feminina, que recebe, a carinhosa, que toca e cura.

Aquele que acha que pode conseguir tudo com sua mão direita nem percebe como sua mentalidade de realizador reprime muitos impulsos da sua alma. Em algum momento, esses impulsos levantam sua voz e o lançam no fogo de suas regiões reprimidas e inconscientes da alma.

E naquele que vê tudo apenas com seu olho direito, que avalia e se apodera de tudo, o inconsciente despertará com poder. E ele será lançado no inferno do seu caos interior, o inferno interior se expressará em sonhos noturnos que o assustarão. O homem não vive impunemente apenas um dos seus lados, ele precisa dar espaço ao inconsciente. Se não o fizer, acabará prejudicando a si mesmo.

O consciente e o masculino – assim diz Jesus – precisam ser podados para que também o inconsciente e o feminino possam se expressar em nós, só assim nossa vida pode ser bem-sucedida. Precisamos encontrar o equilíbrio entre o consciente e o inconsciente, entre o masculino e o feminino, entre o extrovertido e o introvertido.

2.3 Palavras provocativas de Jesus

Quando o Mestre provoca com suas mensagens, Ele quer questionar nosso ponto de vista, quer nos desafiar para que reflitamos sobre a nossa vida. Muitas vezes temos noções erradas da nossa vida e nos agarramos a elas, acreditamos ter uma visão correta, pois nossa visão condiz com o bom-senso. Achamos que ela concorda com a tradição espiritual e com a teoria terapêutica.

Muitas vezes, porém, corremos o perigo de nos acomodarmos em nossas visões e, por isso, rejeitarmos um caminho que nos levaria a novas dimensões da vida. Numa situação assim, Ele precisa nos provocar e desafiar para que questionemos as nossas noções. Só assim iniciaremos a nossa caminhada e perguntaremos como devemos viver. Quero apresentar apenas duas das palavras provocativas de Jesus:

> Pensais que vim trazer paz à Terra? Digo-vos que não, e sim a separação (Lc 12,51).

Temos essa ideia inabalável de Jesus como aquele que traz a paz. O próprio São Lucas o descreve no relato de sua infância como mensageiro da paz, comparando-o com o imperador da paz Augusto. Agora Jesus afirma o contrário, diz que não veio para trazer a paz, mas a separação. E nos versículos seguintes descreve isso de forma muito drástica: Nas famílias, todos se voltarão contra todos; o pai, contra o filho; e o filho, contra o pai, e assim por diante. Com essa fala provocativa Jesus não quer justificar nossas brigas familiares. Antes, deseja que não nos deixemos dominar e definir por outros. Não devemos reprimir a nossa intuição do certo e do errado apenas para preservar a harmonia. Há também uma paz "podre", uma harmonia artificial. Existem nas famílias os harmonizadores que não suportam conflitos e por isso tentam encobrir tudo com palavras bonitas.

Jesus quer nos encorajar a, num primeiro passo, distanciar-nos dos outros de forma saudável. Precisamos encontrar nossa própria posição e aprender a permanecer firmes; somente assim relacionamentos saudáveis são possíveis. Em muitas famílias não existem relacionamentos verdadeiros; nelas tudo é submetido à tradição familiar. Existem roteiros para cada situação: "Nós pensamos assim". "Nessa família, não fazemos esse tipo de coisa". O Mestre nos provoca e nos encoraja a descobrirmos nosso caminho e conquistarmos nossa posição diante da família, já que uma comunhão boa só é possível se encontramos nossa própria identidade.

Em muitas famílias essa comunhão é forçada, ela é marcada por medo e constrangimento: "O que falam sobre nós?" "O que os outros pensarão se nos mostrarmos do jeito que realmente somos?" Muitos que defendem as normas cristãs nunca conseguiram escapar desse constrangimento familiar. Apenas o homem livre, que encontra sua própria identidade, pode entender o que Ele espera de nós e aceita o desafio da mensagem de Jesus. Às vezes, porém, confundimos esta com boas maneiras e conformismo. Ele quer pessoas livres, nos provoca para que ousemos aventurar-nos em nossa liberdade, capacitando-nos assim para relacionamentos verdadeiros.

> Se alguém quiser vir após mim, renuncie a si mesmo, tome a sua cruz e me siga. Pois quem quiser salvar a sua vida (sua alma), vai perdê-la; mas quem perder a sua vida (sua alma) por amor de mim, há de encontrá-la (Mt 16,24-25).

A palavra da renúncia própria tem sido interpretada erroneamente como autonegação, automutilação e autodesprezo. Mas não é disso que Jesus fala. A palavra grega *aparneisthai* significa "dizer não, recusar-se". Aquele que o segue precisa dizer não às tendências egocêntricas da sua alma, que também querem dominar o divino.

Não podemos usar Deus para nossos próprios fins e como meio para nosso bem-estar e felicidade, quem quiser vivenciá-lo precisa se distanciar do seu ego. Os místicos entenderam essa palavra corretamente: aquele que tenta subjugar o Pai a seu ego, violenta e ignora o Deus verdadeiro, pois Ele é maior do que o ego. Precisamos distanciar-nos daquela tendência que deseja possuir, dominar, usar tudo para seus próprios fins, que sempre gira em torno de si mesmo e que até tenta instrumentalizar o próprio Deus. Quem viver fixado em seu pequeno eu se interessa apenas por sua "autoproteção temerosa" (DREWERMANN, 1985).

O coração daquele que segue a Cristo é aumentado, porque ele oferece seu eu frágil a Deus. A experiência verdadeira do Pai só é possível se abrirmos mão do nosso ego, se a experiência divina servir apenas para aumentar o ego, o homem se torna cego e se perde.

Da mesma forma, muitos têm interpretado de forma errada a imagem de carregar a própria cruz. Às vezes acham que devemos dificultar nossa vida ao máximo e fazer sacrifícios sempre que possível. Carregar a sua cruz, porém, significa aceitar aquilo que diariamente cruza o meu caminho, ela é um símbolo para a unidade de todos os opostos. Tomar a cruz, portanto, significa: aceitar-me com todas as minhas contradições.

C.G. Jung afirma que aquele que estiver no caminho da realização do si-mesmo não escapa da cruz, ele sente a dor provocada pelo processo da autoaceitação com todos os seus polos opostos. Para o Evangelista São João o gesto da cruz é o gesto do abraço: Na cruz, "atrairei todos a mim" (Jo 12,31).

Tomar a sua cruz significa abraçar-se com todas as forças e todas as fraquezas: os aspectos saudáveis e os doentes, as qualidades vistosas e as feias, as partes imaculadas e as manchadas, os sucessos e os fracassos, as coisas vividas e as coisas perdidas, o consciente e o inconsciente. Tomar a cruz significa aceitar-se a si mesmo com todas as suas contradições.

A palavra paradoxal, daquele que tenta salvar sua vida ou sua alma e assim a perde, nos provoca a reflexão sobre aquilo que realmente nos leva à vida. A palavra grega *sosai*, além de "salvar", significa também "curar, restaurar a saúde, redimir". Foi nesse sentido que a tradução em latim *salvam facere* a entendeu. É um paradoxo múltiplo que Jesus expressa aqui, aquele que sempre se preocupa com a saúde adoece. Quem sempre tem medo de se esgotar, e que por isso nunca se entrega por completo, nunca vive verdadeiramente, que sempre foge do trabalho, acredita que as pessoas exigem demais dele.

Jesus rompe com todos os conselhos inteligentes que nos tentam convencer de que devemos cuidar bem de nós mesmos e impor nossos limites em relação aos outros. Esses conselhos têm seu sentido, mas facilmente transformamos nossa saúde, nosso amor-próprio, nossa delimitação em ideologia. Ele não nos deixa em paz, sua palavra é como um espinho que não conseguimos tirar da nossa carne, nos mantém em movimento e não se cansa de nos confrontar com o desafio para entergar-nos totalmente à vida, ao amor e às pessoas.

Só aquele que, nessa entrega, deixa de pensar em si, consegue conquistar a si mesmo. Aquele que para de girar em torno de si passa a viver no presente e em harmonia consigo mesmo. Mas aquele que, em sua busca espiritual ou terapêutica, estiver à procura da sua própria felicidade, nunca a encontrará, ficará preso em seus giros em torno de si mesmo. A vida quer fluir, quando não flui, passa sem que ele participe dela.

2.4 Máximas encorajadoras

Às vezes Jesus estabelece máximas com pretensão de validade absoluta, mas essas não são normas que precisamos cumprir. Por meio delas, Ele apresenta as condições para uma vida bem-sucedida, são máximas que abrem um horizonte e libertam e são critérios que sempre devemos manter em mente. Eles nos permitem verificar se estamos seguindo o Espírito de Jesus em nosso caminho espiritual ou se o confundimos com nossa ambição espiritual. Pretendo citar aqui também apenas alguns exemplos de pilastras angulares para uma vida saudável:

> O sábado foi feito para as pessoas e não as pessoas para o sábado (Mc 2,27).

Em nossa jornada espiritual ou terapêutica gostamos de estabelecer leis interiores, forçamo-nos a fazer caminhadas diárias, a alimentar-nos de forma saudável, experimentamos os mais variados métodos que prometem propiciar uma vida saudável. Ou desenvolvemos rituais através dos quais moldamos nosso dia a dia e nos abrimos para Deus.

Já pude observar como algumas pessoas espiritualizadas se impõem um sistema de regras. Elas se sentem culpadas quando não conseguem rezar um rosário que faz parte do seu programa religioso. Outras se sentem mal quando não encontram tempo para seus exercícios físicos ou quando comem algo não tão saudável. Nisso esquecemos, muitas vezes, que todos esses métodos e rituais foram feitos para as pessoas e não as mesmas para os rituais.

O Mestre relativiza todo e qualquer método, Ele não os rejeita. Mas através dessa máxima nos mostra que o mais importante é sempre a pessoa. Esse é um critério importante que devemos usar para avaliar a nossa vida espiritual na ordem ou no mundo e o estilo de vida que desenvolvemos para nós. Muitas regras – assim como o mandamento do sábado – que no início foram criadas para ajudar o homem se desvincularam do seu propósito original, transformaram-se em leis interiores que nos restringem e nos privam da nossa liberdade. A máxima de Cristo, segundo a qual o sábado foi feito para as pessoas, liberta-nos do medo de não fazermos o suficiente para a nossa saúde ou espiritualidade. É saudável não permitirmos que as regras nos dominem ou escravizem.

> Pois não há nada oculto que não seja descoberto, e nada há escondido que não venha à plena luz (Mc 4,22).

Essa mensagem, sobre as coisas ocultas que serão reveladas, foi usada pelos evangelistas São Mateus, São Marcos e São Lucas em diferentes contextos – e a interpretaram à sua maneira. A princípio, porém, é absoluta, é uma máxima que vale para todas as áreas da vida humana. Não existe nenhum pensamento que possa esconder dos outros, tudo que tento reprimir será revelado em algum momento – seja através das minhas palavras ou do meu corpo, que revela minha verdade de forma visível, seja através de doenças físicas ou psicológicas, que manifestam minhas paixões e meus impulsos recalcados.

Jesus não quer nos assustar com essa máxima, antes encontramos nela um elemento libertador. Já que o Pai conhece tudo, nós também podemos contemplar tudo que existe em nós e isso também pode ser manifestado diante do mundo. Nada temos a esconder porque tudo que existe em nós já foi visto e aceito por Deus e penetrado por sua luz e seu amor.

Em primeira linha, essa palavra pretende livrar os iniciantes no caminho espiritual ou terapêutico do seu medo. Muitos têm medo de que o terapeuta possa descobrir os recantos mais profundos da sua alma, mas quando percebem que podem falar sobre tudo, porque o acompanhante não julga nada, muitos experimentam isso como algo libertador. Tudo tem o direito de ser, porque tudo é iluminado e curado pela luz divina.

Outros temem que seus colegas e amigos possam descobrir toda a insegurança que escondem, com tanto esforço, por trás da sua fachada. O Mestre não exige um comportamento novo, antes estabelece uma máxima sobre a qual devemos refletir interiormente. Se interiorizarmos essa máxima, seu poder libertador e curador se desenvolverão automaticamente.

> Nada que vem de fora de uma pessoa pode torná-la impura. O que sai de dentro de uma pessoa é que a torna impura (Mc 7,15).

Essa máxima não vale só para a comida. Para os judeus, a pureza ou impureza de um determinado alimento era muito importante. Jesus – assim nos conta São Marcos – declara puros todos os alimentos (cf. Mc 7,19). Existem também pessoas que temem que os pensamentos de outros possam contaminá-las; ou que o ambiente em uma casa ou pessoas agressivas possam influenciá-las de forma negativa. Não existem argumentos ou expressões de solidariedade com os quais o medo de influências negativas vindas de fora possa ser combatido. Nesses casos, precisa-se de uma máxima firme e inabalável como essa. Ela afasta todas as nossas dúvidas, negando categoricamente que a influência negativa de outras pessoas possa nos atingir ou contaminar, o que importa é aquilo que sai de dentro de nós. Podemos nos defender contra tudo que, vindo de fora, queira nos penetrar. Apesar de não podermos evitar que nossos pensamentos e nossas emoções sejam afetados, existe em nós um espaço que não pode ser contaminado por coisas que vêm de fora. Essas palavras, praticamente esculpidas em pedra pelo Mestre, cortam qualquer dúvida pela raiz, são palavras que curam.

O Evangelista São Lucas interpretou essa máxima à sua maneira. Segundo ele, Jesus diz: "Dai antes de esmola as coisas de dentro, e tudo será limpo para vós" (Lc 11,41). São Lucas, o grego, desconhece o problema de alimentos puros e impuros. Ele leva a máxima de Jesus um passo adiante, interpretando-a sob o aspecto do amor. Se compartilharmos aquilo que temos, não precisamos nos preocupar com a pureza ou impureza dos nossos bens, do nosso dinheiro ou da nossa comida, se compartilharmos tudo com os pobres, tudo o que temos é puro.

Essa interpretação também faz sentido, conheço pessoas para as quais o dinheiro sempre é algo sujo. Mas o dinheiro em si não é sujo, ele se torna puro quando o compartilhamos com outros. Santo Agostinho traduziu essa máxima, segundo São Lucas, com a fórmula bem sucinta: *Ama et fac quod vis.* – "Ama, e faz o que queiras". É praticamente impossível resumir essa palavra de forma mais clara e concisa.

> Onde estiver vosso tesouro, aí estará também vosso coração (Lc 12,34).

Essa máxima também é uma mensagem que cura, ela quer apontar-nos para aquilo que nos faz bem, o que faz bem ao nosso coração, quando nosso tesouro não consiste em coisas limitadas e terrenas, como sucesso e bens ou aprovação externa. Se nosso coração se prender a coisas desse tipo, adotará algo da qualidade dessas coisas. Se o dinheiro se transformar em nosso tesouro, nosso coração girará em torno do dinheiro e endurecerá, perderá sua vitalidade e sua capacidade de amar.

Quando fazemos de uma pessoa querida o nosso tesouro, nosso coração fica mais amplo. Muitos maridos chamam sua esposa de "meu tesouro", mas se eles se agarrarem demais ao seu tesouro, suas esposas se distanciam, e eles perdem seu tesouro. Também acontece de o tesouro perder seu brilho pelo dia a dia do convívio. Jesus diz que o Pai é nosso tesouro verdadeiro, Ele é um tesouro que está dentro de nós, mas que se esquiva do nosso controle, e, por ser divino, é também um tesouro que nunca perde seu brilho. Se Deus for nosso tesouro, nosso coração estará nele e se abrirá e experimentará uma alegria e uma paz interior profunda.

Creio que ninguém possa dizer que Deus seja seu único tesouro. Com essa palavra, Jesus quer nos desafiar a perguntar de novo qual é o nosso verdadeiro tesouro e a que nosso coração se prende – e o que esse tesouro provoca em nosso coração.

> Quem é fiel no pouco também o é no muito, e quem no pouco é infiel também o é no muito (Lc 16,10).

Com essa máxima Ele não pretende propagar algum tipo de perfeccionismo. Se nela estivesse contida a advertência de fazer tudo com cuidado e cumprir até mesmo as tarefas mais insignificantes com perfeição, nós nos sentiríamos esmagados por essa exigência. Mas São Lucas a entende dentro do contexto da filosofia grega, portanto o Mestre usa essa afirmação para apontar-nos para algo completamente diferente, o pouco se refere às coisas do mundo: como lidamos com dinheiro, como fazemos nosso trabalho na empresa, o que fazemos com nossos bens. Tudo isso é pouco comparado com o muito, com as coisas importantes como a alma, Deus, a vida divina no ser humano.

Jesus quer nos dizer: na maneira como tratamos o mundo define-se também a vida espiritual. Não devo limitá-la a ideias e ideais espirituais. Na maneira como manuseio as ferramentas e trato meu corpo e as coisas que me foram confidenciadas, reconheço também se sou uma pessoa espiritualizada.

Algumas pessoas, que escolheram o caminho espiritual nem percebem que tentam fugir dos desafios do dia a dia. São incapazes de lidar de forma cuidadosa com o tempo, seu trabalho e as tarefas do seu lar, fogem do mundo cotidiano e se refugiam num mundo espiritual ilusório, porém, Jesus vincula o mundo espiritual ao mundo terreno.

Nas palavras que seguem essa máxima, no Evangelho segundo São Lucas, o Mestre concretiza o convívio com as coisas insignificantes, interpretando-o em relação ao nosso trato com o dinheiro. Ele chama o dinheiro de "riquezas injustas" e "aquilo que é de outros". Mas só se cuidarmos bem das riquezas injustas Deus nos confiará o bem verdadeiro e nos dará riquezas verdadeiras.

O bem verdadeiro é a alma, é, por fim, o próprio Pai. Portanto, nossa espiritualidade depende também do nosso trato com o dinheiro e com o nosso sustento diário. Jesus nos impede de esconder-nos por trás de palavras e ideias religiosas. Novamente nos confronta com a realidade totalmente mundana no nosso dia a dia, nossa maturidade humana e espiritual se manifesta na maneira como vivemos o nosso dia a dia.

Existem muitas outras palavras dele que poderíamos analisar sob o aspecto de seu efeito curador e libertador. Todas essas querem nos elevar a outro nível do pensar e do sentir. Nesse novo nível passamos a nos ver de outra forma, não seremos mais determinados por palavras nocivas como: "Tudo que você faz dá errado" ou "Você é um peso nas nossas vidas".

As palavras de Jesus são palavras de bênção, nelas encontramos a bênção de Deus, mas esta se expressa muitas vezes de forma paradoxal. Justamente pelo fato de suas palavras não nos tranquilizarem, mas nos desafiam a ocupar-nos com e permitir que nos levem a outra dimensão da vida com Deus e com o que vem dele.

3

OS MÉTODOS TERAPÊUTICOS DE JESUS NAS HISTÓRIAS DE CURA

Encontramos a sabedoria terapêutica de Cristo em suas parábolas e palavras. Nas histórias de cura, conheceremos os vários modos como Ele interage com os doentes. Poderíamos chamar essas diferentes maneiras de tratar e de interagir com os doentes de "métodos de terapia" de Jesus.

É interessante comparar os "métodos de terapia" com as escolas terapêuticas da atualidade. Veremos que o Mestre não fundou nenhuma escola terapêutica; antes, interagiu intuitivamente com as pessoas.

Podemos descobrir duas coisas nas histórias de cura: os métodos terapêuticos e, ao mesmo tempo, nosso próprio caminho para a cura. Cristo não cura como um médico, que simplesmente põe um fim a uma doença; Ele vai ao encontro das pessoas, as confronta com seus ferimentos e lhes mostra um caminho para a cura em seu encontro. Por isso, as histórias de cura não são de interesse apenas para os terapeutas e acompanhantes espirituais, que podem aprender algo para seu próprio trabalho. Elas convidam também cada leitor e cada leitora a conscientizar-se de seus próprios ferimentos e a oferecê-los a Cristo em seu encontro com Ele. Pela maneira como Jesus curou os doentes, eles podem aprender os passos para seu próprio processo de cura.

Quando lemos essas histórias na Bíblia, descobrimos que, em algumas delas, os doentes procuram o Mestre, em outras é Ele quem procura os doentes. Às vezes são os parentes ou amigos que levam o doente até Jesus.

Os seus métodos de cura também são descritos de modos bem diferentes. Por vezes, Ele cura de maneira mais meiga e carinhosa e se dedica às pessoas; por outras, aplica um método brusco e confrontador.

Jesus cura o indivíduo, mas também os relacionamentos entre pais e filhos. Nos capítulos que seguem não pretendo enumerar e interpretar cada uma das histórias de cura; antes, quero, partindo da diversidade delas, desenvolver uma sistemática de cura.

3.1 Os diferentes conceitos de doença e cura nos evangelhos

Os evangelistas, de certa forma, já sistematizaram os métodos terapêuticos de Jesus. Cada um tem o conceito de doença e cura diferente, cada um interpreta aquilo que o Mestre faz com os doentes à sua maneira e de acordo com o seu conceito de doença e cura.

Assim, poderíamos dizer que, para São Marcos, a doença é geralmente expressão de possessão e a cura consiste principalmente na expulsão dos demônios. Para ele, demônios são espíritos impuros que perturbam nossos pensamentos. O estudioso bíblico Fridolin Stier os chama de "espíritos do 'mas'", que impedem o ser humano de continuar no seu caminho, reagindo a tudo que faz com um "mas assim não dá".

São Marcos descreve os demônios como seres que dilaceram o ser humano, que o puxam para todos os lados, que querem evitar que a pessoa procure a cura no encontro com Jesus. Esse é o segredo dos "espíritos do mas", que perturbam a mente do ser humano e o empurram para lá e para cá. Com nosso conhecimento psicológico de hoje, nós diríamos: demônios são padrões de comportamento neuróticos, complexos psicológicos, compulsões ou ideias fixas que nos impedem de pensar claramente.

Para o evangelista, cura sempre significa também libertação. O ser humano é liberto dos padrões de comportamento que o dominam e que o impedem de realizar seu verdadeiro ser; é liberto das perturbações dos seus pensamentos e sentimentos e, também, dos "espíritos do mas", que o empurram para lá e para cá e o impedem de buscar a cura.

O evangelista e cristão judeu São Mateus identifica uma ligação entre doença e culpa. O psicanalista judeu Sigmund Freud retoma essa noção em sua interpretação causal-redutiva da doença; ele sempre identifica uma causa para cada doença. Em muitos casos, esse procedimento é justificado, mas é grande o perigo que eu jogue toda culpa pela doença no próprio doente. Assim, cada doença causaria sentimentos de culpa, e nós nos perguntaríamos: "O que fiz de errado?" "Onde errei na minha vida?" "Onde me tornei culpado?" Ou nos perguntaríamos: "Por que Deus me castiga com essa doença?" Esse tipo de pergunta não ajuda, e os sentimentos de culpa, com os quais reagiríamos à doença, nos impediriam de recuperar a saúde.

No Evangelho de São Mateus a cura está ligada ao perdão. Mesmo que não se deva generalizar isso, creio que essa visão faça algum sentido nos dias atuais. Às vezes as pessoas não são curadas, porque continuam presas a uma culpa antiga e não conseguem se perdoar e as muitas doenças compulsivas, em particular, costumam apontar para uma culpa recalcada. O ser humano só pode ser curado quando acredita que toda a sua culpa foi perdoada, quando ele mesmo consegue se perdoar e perdoa as pessoas que o machucaram, pois aquele que não perdoa continua preso àquele que o feriu. O perdão é um ato terapêutico que, ainda hoje, tem um efeito curador sobre muitos doentes.

Entre todos os evangelistas, São Lucas é aquele que mais nos conta histórias de cura que ocorrem no sábado. Poderíamos então dizer: para o grego São Lucas a doença é uma deformação do ser humano. Esse, como foi criado por Deus, sofreu uma adulteração, tornou-se vítima de um vício e endureceu interiormente. A cura ocorre quando o Mestre reestabelece sua forma original: que lhe foi dada pelo Pai no ato da criação. De acordo com a filosofia grega, que influencia o pensamento de São Lucas, a doença afeta a dignidade do ser humano e destrói a harmonia entre as partes da sua alma. Já a cura significa a reconstituição do mesmo em sua forma e beleza originais, em sua dignidade e harmonia interior.

De acordo com o mito, São Lucas foi médico e domina a linguagem da profissão. Nenhum outro evangelista usa tanto as palavras *iaomai* ("curar") e *therapeuein* ("recuperar a saúde", "cuidar", "servir"). No entanto, Cristo não é só o médico que cura os doentes, mas também o que – segundo a visão grega – guia o barco da nossa vida para o rumo certo. É o que nos instrui na arte da dietética, da vida saudável. Por isso, a atividade terapêutica dele inclui tanto seus ensinamentos quanto suas curas.

No caso do Evangelista São João, poderíamos dizer: a doença é a manifestação da perda do contato do ser humano com sua fonte divina. As duas narrativas de cura mais importantes, no Evangelho segundo São João, ocorrem no tanque de Betesda e no reservatório de Siloé. Quando o ser humano é separado de sua fonte divina, ele adoece, e a cura acontece, quando esse contato com a fonte interior é reestabelecido.

Para que isso ocorra, Jesus não precisa levar o doente até a fonte, até o tanque de Betesda, bastam a sua palavra e o encontro com Ele para reconectá-lo novamente com sua fonte interior, que jorra nele e da qual estivera separado, e essa visão também é confirmada pela psicologia atual. C.G. Jung tem certeza de que a cura verdadeira só se realiza por completo quando o homem volta a ter contato com o numinoso – com o espaço divino nele mesmo –, quando ele descobre a imagem do Pai em seu interior e bebe da fonte do Espírito Divino.

Cada um possui dentro de si uma fonte de forças de autocura. Mas muitas vezes precisamos de um impulso externo para reconectar-nos com essa fonte. Sabemos no fundo da alma o que é saudável para ela, porém a mesma também necessita do encorajamento externo para voltar a confiar em seu próprio conhecimento.

As diferentes visões, de doença e cura, nos quatro evangelhos evidenciam que não podemos reduzir as atividades terapêuticas de Jesus a um único método. Várias interpretações são possíveis. A que intento neste livro é, portanto, apenas uma entre muitas e naturalmente é também subjetiva. Procuro interpretar as narrativas de cura no contexto das minhas experiências como acompanhante espiritual.

3.2 Jesus vai ao encontro das pessoas e se envolve com elas

Em algumas histórias de cura Jesus é aquele que procura os doentes. Eles estão presentes, mas não tentam falar com Jesus por iniciativa própria. Antes, Ele os percebe e inicia uma terapia por decisão própria.

A cura da sogra de Pedro – Jesus toma a iniciativa
(Mc 1,29-31; Lc 4,38-39).

A primeira história de cura em que o Mestre procura um doente é a cura da sogra de Pedro. Ele, acompanhado de seus discípulos, vai à casa de Simão. Sua sogra está de cama, sofrendo de uma febre. Os discípulos conversam sobre a doença da mulher; no entanto, o Evangelista São Marcos não nos conta que os discípulos tivessem se dirigido a Ele pedindo que a curasse. Cristo ouve a conversa dos discípulos. Então "Ele chegou perto dela, tomou-a pela mão e a fez levantar-se da cama. A febre a deixou, e ela começou a servi-los" (Mc 1,31).

O Mestre toma a iniciativa, vai até a mulher doente e a toma pela mão. Ele entra em contato e se relaciona com ela. Ao tomá-la pela mão, compartilha a sua força. E assim, revigorada pela sua força, ela consegue se levantar e a febre a deixa.

No seu evangelho, São Lucas interpreta a história de forma um pouco diferente. Os discípulos pedem a Jesus que a cure. "Inclinando-se sobre ela, deu uma ordem à febre, e a febre a deixou. Imediatamente ela se levantou e começou a servi-los" (Lc 4,39). Ele se inclina com um gesto carinhoso, e com muito amor volta sua atenção para ela, sua expressão de carinho é acompanhada por uma palavra dirigida à febre. O Mestre fala diretamente com a doença e lhe ordena que deixe a mulher. A febre obedece e a mulher é curada imediatamente. Aquela doente não poderia vir até Jesus, ela estava acamada, então, Ele vai até ela, porque – de acordo com São Lucas – os discípulos lhe pedem, ou – de acordo com São Marcos – porque os ouviu falar da sua doença e se comoveu.

A cura do homem com a mão paralisada –
Uma terapia para os acomodados (Mc 3,1-6).

O Evangelista São Marcos nos fala de um homem com uma mão paralisada. Ele se encontra na sinagoga quando Jesus entra para participar do culto. O homem doente está simplesmente presente, não demonstra nenhuma intenção de ir ao encontro de Jesus e de pedir a cura.

Cristo o vê, vai até ele e diz: "Levanta-te aqui no meio" (Mc 3,3). Este é o primeiro passo para a cura: o homem com a mão paralisada representa as pessoas que tentam se integrar para não chamarem atenção e não serem machucadas. Para que possa ser curado, ele precisa encarar sua deficiência, precisa tornar-se o centro das atenções, não pode se esconder dos olhares dos outros. Jesus exige que faça exatamente aquilo que sempre tentou evitar: colocar-se no centro, ser observado e julgado.

E então o Mestre, em seu lugar, enfrenta a discussão com as pessoas das quais o homem sempre fugira, perguntando aos fariseus: "É permitido fazer o bem ou o mal no sábado? Salvar uma vida ou matar?" (Mc 3,4). Ele interpreta a postura legalista dos fariseus como forma de ceder espaço ao mal e de destruir a vida. Aquele que eleva a lei acima de tudo acaba fazendo o mal e destrói a vida das pessoas. Jesus, que está sozinho aqui na sinagoga, olha para cada um dos fariseus, "indignado e triste com a cegueira dos seus corações" (Mc 3,5).

Ele quer dizer ao povo: vocês podem ser como são, com sua dureza de coração e seus corações insensíveis. Não os julgo por causa disso, mas farei o que acho certo. Não permitirei que me impeçam de seguir minha intuição. Essa é a postura que Ele demonstra diante do homem doente, dirigindo-se a ele: "'Estende a mão'. Ele a estendeu, e a mão ficou curada" (Mc 3,5).

Agindo no lugar do homem doente, Cristo faz aquilo que todo ser humano livre tem o direito de fazer: agir de forma soberana, em harmonia com sua voz interior e com Deus, sem permitir que a opinião dos outros o force a seguir outro caminho. O homem entende isso, ele se sente encorajado a estender sua mão, a assumir o controle sobre sua vida – mesmo que disso surjam conflitos –, passa a agir e não mais se contenta em permitir que outros façam com ele o que bem entendem ou que tomem decisões a seu respeito.

Essa narrativa é um convite, para os terapeutas e acompanhantes espirituais a encorajar os pacientes a assumir o controle sobre suas vidas e a moldá-la, mas é também um desafio para nós. Ela nos convida a encarar a nossa vida e a parar de nos esconder por trás de outros, nos encoraja a arriscarmos, pois somente assim podemos lidar com os conflitos com os quais somos confrontados e dos quais não devemos fugir.

> A cura da mulher encurvada e do homem hidrópico – O reestabelecimento da forma original do ser humano (Lc 13,10-17; 14,1-5).

Encontramos um padrão semelhante nas histórias de cura dos capítulos 13 e 14 do Evangelho segundo São Lucas, onde as pessoas doentes estão simplesmente presentes.

A mulher encurvada está na mesma sinagoga em que Jesus está ensinando e a iniciativa parte novamente dele. Os quatro passos para a cura são perfeitos para ela, que se curvou diante de si mesma e não consegue aceitar a pessoa em que se transformou, que se encurvou ao ponto de não conseguir ver os rostos das outras pessoas. O primeiro passo para a cura consiste no olhar do Mestre para essa mulher, tratando-a com dignidade. O segundo passo é: Jesus fala com ela. A palavra grega *prosphonein* significa "falar de olho no olho, de igual para igual". Ele não a menospreza, não lhe dita o que deve fazer, simplesmente inicia um diálogo e a respeita. O terceiro passo é a afirmação: "Mulher, estás curada de tua doença" (Lc 13,12).

Jesus promete cura e redenção à mulher e toca naquilo que também já está nela: a liberdade e a redenção, a força e o poder, a saúde e a completude. Ele desperta a sua própria força e sua dignidade como mulher. No quarto passo, Cristo lhe impõe as mãos, permitindo assim que sua força flua para ela, compartilhando sua força e seu Espírito. Também poderíamos dizer que Ele a toca para que entre em contato consigo mesma e com sua força e dignidade.

Esses quatro passos capacitam a mulher a levantar-se e a louvar a Deus. Vemos também aqui como Jesus age em perfeito acordo com a situação da mulher. Os passos da sua terapia são uma reação à doença dela. Em sua terapia faz exatamente aquilo que essa mulher necessita para aceitar-se e erguer-se de seu encurvamento. Quando Jesus a olha, dirige-se a ela e a toca, a mulher entra em contato com sua própria força e potencial. O Mestre não a "endireita". Ele se recusa a usar qualquer método físico para suspender seu encurvamento. Ele, por meio do seu toque, faz com que ela reestabeleça o contato com sua força interior.

Assim, é a mulher que se ergue. Ela, que até então se encontrava presa em si mesmo, agora sente sua capacidade interior de se erguer, assume uma posição reta e louva a Deus. Em seu encurvamento também perdera o contato com Deus, e agora o louva, fazendo com isso o que deve ser feito no sábado. Tornou-se novamente a mulher que o Pai moldara na criação: digna, reta e em contato consigo mesma, com seus próximos e com Ele.

Algo semelhante ocorre com o homem hidrópico. Nessa história, Cristo de repente se vê diante de um homem que sofre de hidropisia. Ele está parado, sem fazer nada. É o Mestre que começa a agir. Primeiro pergunta aos doutores da lei e aos fariseus se é permitido curar no sábado. Quando não respondem, faz aquilo que seu coração lhe dita: "Jesus tomou o homem pela mão, curou-o e o despediu" (Lc 14,4).

São Lucas descreve a ação curadora com três palavras: tocar (tomar pela mão), curar e despedir (soltar, libertar).

Jesus toma o doente pela mão e se volta para ele, para ajudá-lo. Então o evangelista usa a palavra decisiva para a obra curadora de Jesus: *iasato* significa "ele curou", "ele ajudou", "ele refez". São Lucas emprega esse termo quinze vezes. Em sua narrativa, Jesus é o médico que reestabelece a saúde das pessoas de acordo com a intenção divina, é o terapeuta que devolve a medida certa àquelas pessoas que perderam seu equilíbrio, que reconcilia os opostos que as atormentam. A terceira palavra da ação curadora é *apolyo*, que significa "libertar", "soltar", "despedir". O evangelista usou essa mesma palavra na história de cura da mulher encurvada. Curar significa libertar a pessoa, livrá-la das amarras da doença e dos demônios. Aqui, a palavra significa "despedir", Jesus despede o doente e, agora, a pessoa pode ir e continuar a viver sua própria vida.

Mas São Lucas ama a ambiguidade das palavras. Ao usar esse termo, certamente também teve em mente o sentido de "libertar" e "soltar". A pessoa curada é também a pessoa que é libertada, livre de todos os bloqueios. Doença significa aprisionamento. Qualquer tipo de aprisionamento – seja ele um padrão de comportamento, um hábito, uma compulsão ou a dependência de pessoas – causa energias negativas em nós. A cura significa libertação de qualquer aprisionamento e, portanto, a dissolução da negatividade interior. A libertação dessa prisão nos capacita para a comunhão, para relacionamentos saudáveis, para a amizade. A capacidade de criar e manter relacionamentos, de relacionar-se de forma saudável, é parte essencial da saúde. E para os gregos, aos quais São Lucas escreve como médico, a imagem de um ser humano bom e bonito consiste justamente em sua capacidade de manter amizades.

Cristo cura a mulher encurvada e o homem hidrópico e, nos respectivos quatro ou três passos terapêuticos descritos por São Lucas, podemos reconhecer uma representação do nosso próprio processo de cura. Devemos olhar para aquilo que está em nós, iniciar um diálogo com o que surge em nossas almas e entrar em contato com nossos próprios recursos, para que possamos nos erguer como a mulher encurvada e nos conscientizar da nossa dignidade. E, como o homem hidrópico, devemos permitir que, no encontro com Jesus, Ele nos toque; devemos acreditar na completude que está em nós; confiar em nossa liberdade; e então vivê-la. Assim, podemos viver a dignidade do homem e da mulher, de forma ereta e livre, como seres completos, com tudo que está em nós.

> A cura do paralítico – A transformação do nosso medo (Jo 5,1-6).

Na cura do paralítico, contada por São João, ele está simplesmente presente, no meio de muitos outros doentes, mas Jesus volta sua atenção justamente para este homem que já está assim há 38 anos.

O homem, que sofre há tanto tempo, evoca a lembrança do êxodo do Egito. Após dois anos, Israel havia chegado ao destino de sua caminhada pelo deserto, mas, devido à sua rebelião contra Deus, os israelitas tiveram que continuar caminhando por outros 38 anos até que todos os homens capazes de lutar tivessem morrido. O doente, ao qual Cristo se dirige, é, portanto, o símbolo de uma pessoa que não possui mais armas, que não consegue se defender e que está exposta às influências externas, paralisada pelo medo dessas ameaças. Uma pessoa assim, por exemplo, vê duas outras entretidas numa conversa. Imediatamente, acredita que estejam falando sobre ela e se pergunta o que estariam dizendo a seu respeito. Quando vê uma pessoa triste logo procura o motivo dessa tristeza em si mesma e se pergunta o que teria feito de errado. Por não conseguir proteger-se do seu ambiente é dominada por qualquer energia negativa. Novamente, Jesus faz exatamente aquilo que ela necessita. Ele olha para ela e a "individualiza": quer interagir com essa pessoa singular. Ele a separa das massas de doentes e reconhece a causa de sua dor. Aqui encontramos a palavra grega *gnosis*. Cristo tem uma visão mais profunda do ser humano, vê seu interior e consegue reconhecê-lo em toda sua profundidade. Esse conhecimento mais profundo – a *gnose* – leva o Mestre a perguntar ao doente: "Você quer ser curado?" Jesus reconhece que ele está sendo levado pela vida sem vontade própria. Assim, o desafia a entrar em contato com sua vontade própria.

Muitos estranham essa pergunta, acreditam que todos querem ser curados. No entanto, a psicologia fala do "ganho de prazer secundário": A doença também traz vantagens. Ela serve como desculpa para aquele que não quer assumir responsabilidade pela sua vida. Acompanhei uma mulher durante um ano inteiro, mas nada aconteceu e senti que ela não queria ser curada. Sempre me procurava para conversar; este era o ganho de prazer secundário da sua doença. Se ela resolvesse seus problemas, não teria mais motivos para conversar comigo.

O doente responde à pergunta desafiadora de Cristo de forma muito evasiva, contando por que está sofrendo tanto. Os culpados seriam os outros doentes, pois são mais rápidos, e não há quem se preocupa com ele. Ninguém o leva até o tanque quando a água começa a se mexer. Jesus não reage com compreensão e simpatia a essas palavras, mas com palavras muito desafiadoras.

Um terapeuta disse o que era fascinante para ele nessa história: o método terapêutico confrontador e sem enganação de Jesus. O Mestre confronta o doente com sua própria força, não permite que ele se lamente, simplesmente lhe ordena que se levante, destruindo assim sua ilusão de que os outros seriam os culpados pela sua doença. Cristo não aceita essa desculpa. Dirige-se rispidamente a ele e lhe ordena com severidade: "Levanta-te, toma o teu leito e anda" (Jo 5,8). O doente não deve esperar até que outros o carreguem. Antes, deve levantar-se por conta própria – em meio à sua fraqueza, à sua paralisia.

Ele não deve permitir que seu leito o prenda por mais tempo; deve levar este símbolo da sua doença e lidar de forma diferente com seus bloqueios. Deve levantar-se com suas fraquezas, paralisações e inseguranças, reconciliar-se com seus bloqueios, tomá-los e carregá-los. Só assim deixarão de impedir que viva e será capaz de seguir seu próprio caminho.

Sentimos também aqui que Jesus aplica o método de terapia adequado para essa pessoa. Ele não se interessa por seus lamentos, mas o desafia a assumir responsabilidade por si mesmo.

A palavra de Cristo tornou-se uma palavra-chave para mim: sempre que me sinto paralisado, que tenho medo de passar vergonha na frente de outros ou de revelar meus limites e a minha insegurança, eu me lembro dela. Levantar-se em meio à insegurança é uma maneira curadora de lidar com seus medos e de não recalcá-los, mas também de não permitir que eles o paralisem. Não preciso esperar até que eles sejam curados. Devo levantar-me em meio ao medo e prosseguir no meu caminho.

Nessa mensagem se revela também o propósito do acompanhamento espiritual. Muitos querem ser libertados de sintomas incômodos como: inibição, receio, vergonha ou insegurança. Entretanto, o propósito não é fazer com que todos os sintomas da doença desapareçam, mas levar o paciente a lidar com seu medo, com suas inseguranças e inibições de forma diferente. Não devo permitir que minhas inibições me aprisionem. Antes devo tomá-las e, com as mesmas, juntar-me às pessoas.

3.3 Os doentes procuram Jesus

A cura do leproso – A arte da autoaceitação (Mc 1,40-45).

"Aproximou-se de Jesus um leproso e, de joelhos, suplicou: 'Se quiseres, podes limpar-me'" (Mc 1,40). Aqui é o doente que procura o Mestre. Ele se sente exposto e excluído, não se suporta. Por não conseguir aceitar-se se sente rejeitado e excluído por todos os outros, seu sofrimento é tão grande que deseja romper esse círculo vicioso de autorrejeição e rejeição alheia. Em quatro passos, ousa ir ao encontro de Cristo. Ele se aproxima, suplica, cai de joelhos e confessa sua impotência e se dirige a Jesus. Mas suas palavras contêm uma armadilha: ele delega todo o trabalho e responsabilidade a Cristo. Quer que Jesus o limpe e que faça todo o trabalho da cura, sem que tenha que contribuir com algo. O Mestre não aceita o trato. Ele cura o doente, mas não como este imaginara. Sua terapia acontece – como é frequentemente o caso nas curas de Jesus – em quatro passos. O número quatro representa o aspecto terreno, o ser humano é reestabelecido em sua humanidade, à imagem que Deus o criou.

O primeiro passo da cura: Cristo se comove com o leproso e se abre para o doente. O segundo passo: Ele estende sua mão, estabelecendo assim um contato. Muitas pessoas que procuram o acompanhamento espiritual não têm relacionamentos nem consigo mesmas, e falam de seus problemas como se estivessem falando de outra pessoa. Nosso trabalho consiste então em estabelecer um contato. A cura sempre ocorre dentro do relacionamento. Enquanto o paciente não se inclui no relacionamento, nosso acompanhamento fracassa. O terceiro passo: o Mestre toca o doente rompendo a armadura vestida pelo leproso. Cristo não tem medo do contato físico. Ele se aproxima do doente, usa todos os seus sentidos para senti-lo, demonstrando assim sua dedicação incondicional.

Para um acompanhante, entrar em contato com todo o lixo caótico e a amargura interna que o doente lhe apresenta nas conversas não é uma experiência agradável. Alguns terapeutas tentam se proteger contra as energias negativas do paciente mantendo distância. Jesus não tem medo desse contato porque está em harmonia consigo e com o Pai. Por isso, o veneno e a amargura do doente não podem afetá-lo. Como acompanhantes, podemos aprender com Jesus a nos abrir emocionalmente para o paciente. Mas, assim como Ele, devemos manter o contato com Deus, para que os problemas do outro não nos inundem.

Quando estamos em contato com o espaço interior do silêncio não precisamos temer que a amargura e os sentimentos caóticos do paciente nos contaminem.

O quarto passo: o Mestre diz ao doente: "Eu quero, fica limpo" (Mc 1,41). Ele demonstra sua dedicação ao doente. Ele o aceita incondicionalmente, mas não admite assumir toda responsabilidade pela cura. Não permite que o doente lhe confira o papel do mágico que afasta toda impureza num passe de mágica. Alguns pacientes procuram o acompanhamento com a postura: "Quero ver você se esforçar. Você é o médico, o terapeuta, o acompanhante. Quero que me cure. Quero ver como consegue fazer isso". Algumas pessoas vivem trocando de terapeuta, vão de um acompanhante espiritual ao próximo e, quando a cura não acontece, a culpa é sempre do acompanhante. O próprio paciente permanece no papel de observador, quer ser curado, mas não está disposto a mudar. Ele tem essa ideia de que sua "máquina" possa ser consertada pelo médico ou terapeuta, sem que tenha que encarar o seu problema.

Jesus não cai na armadilha de permitir que as expectativas do paciente o definam; interage com ele em liberdade total e faz aquilo que pode fazer, respeita o doente e o aceita. Mas agora também desafia sua responsabilidade: "Fica limpo!" significa também: eu aceito você. Agora, cabe a você dizer "sim" a si mesmo e a aceitar-se. Quem tem problemas de autoaceitação precisa de outras pessoas para vivenciar a cura, precisa romper o círculo vicioso da autorrejeição e da rejeição alheia pela interação com outros. Mas nesse encontro também precisa fazer algo; é preciso que se decida: Eu me aceito. Eu assumo ser a pessoa que sou. Decido-me hoje pela pessoa que sou. Então serei limpo e estarei em harmonia comigo mesmo, as ilusões, que nutria a meu respeito, se desfarão e me aceitarei em minha medianidade e minhas limitações. Não posso depender da aceitação por outros. Se eu aceitar a pessoa que sou, não serei derrotado caso os outros me abandonem.

> Os dez leprosos – A cura através da aceitação do cotidiano (Lc 17,11-19).

São Lucas nos relata a cura dos dez leprosos, e também contou a história da cura do leproso de São Marcos, mas acrescentou a cura dos dez. Nessa narrativa, ele enfatiza outros aspectos. Aqui os dez leprosos também vão ao encontro de Cristo, mas ficam parados à distância, como a lei da época exigia. Eles não podiam aproximar-se das pessoas saudáveis e, de uma distância segura, precisavam gritar: "Impuros, impuros!" Aqui eles não gritam "Impuros!", mas: "Jesus, Mestre, tem piedade de nós!" (Lc 17,13).

O uso do título "mestre" revela que os leprosos já ouviram falar de Jesus e o respeitam. Eles não pedem que os cure, antes clamam por piedade. A palavra grega *eleeson*, porém, significa também uma ação misericordiosa. Eles pedem ao Mestre que tenha piedade e que aja de forma misericordiosa com eles.

Estranhamos o método terapêutico que Jesus emprega aqui. Ele olha para eles e diz: "Ide apresentar-vos aos sacerdotes" (Lc 17,14). Evidentemente, Cristo não vê apenas o exterior dos doentes, seu olhar expressa que Ele os aceita e assim lhes transmite dignidade e, ao olhá-los, diz que devem apresentar-se aos sacerdotes. Nessa palavra, apesar de sóbria, os doentes encontram a esperança de que os sacerdotes os proclamarão puros, e de que assim poderão voltar à comunhão humana e cultual.

Jesus não lhes promete cura, indica-lhes o caminho normal. Hoje, nós diríamos: O terapeuta ou o acompanhante espiritual pede ao paciente que procure o médico para que este o examine para ver se a doença ainda persiste, ou lhe diz que deve continuar a viver normalmente, sabendo que tudo está bem. Cristo não lhes impõe uma tarefa difícil. Ele os remete ao cotidiano, à vida que levavam antes da sua doença. E, a caminho dos sacerdotes, todos os dez leprosos são curados e descobrem que estão bem.

Para nove dos dez leprosos a cura é, evidentemente, algo natural e normal. Apenas um dos dez se dá conta do que acabou de acontecer e vê que foi curado. Aqui o texto grego usa a mesma palavra que já usou para o Mestre: Jesus o viu. Agora, ele vê Cristo com os olhos do Pai: com os olhos do amor. Ele não vê apenas que se tornou puro, mas também que foi curado: foi liberto da sua doença, da razão mais profunda da sua autorrejeição, da sua ferida da vergonha. Então, ele retorna e louva a Deus, cai aos pés do Mestre e lhe agradece.

Jesus pergunta pelos outros nove leprosos, que também se tornaram puros, mas que não acharam necessário dar honra a Deus. Acreditam que conseguiram tornar-se puros por força própria. O mistério do caminho espiritual, porém, é este: fazer o ordinário e acreditar que, através dele, Deus faça o extraordinário em mim, que faça acontecer o milagre da cura, da purificação e da completude.

Aquele leproso que volta para agradecer ao Mestre pelo milagre da cura é um forasteiro, um samaritano, que nada valia aos olhos dos judeus. Isso deve servir de advertência para nos lembrar de que muitos outros, que não compartilham da nossa fé, talvez sejam mais sensíveis em relação àquilo que o Pai opera em suas vidas.

E agora Jesus diz ao samaritano: Tua fé te curou. São Lucas usa três palavras para descrever a cura do leproso: ele se torna puro, consegue aceitar-se e ver-se com os olhos de Cristo e é curado.

A palavra grega para curar, *iaomai*, significa também "ajudar", "tornar alguém completo". Jesus leva o leproso, que oscila entre a sua realidade e suas ilusões a respeito de si mesmo, à saúde e à completude, faz com que a imagem e a realidade coincidam. E Cristo vem ao seu socorro, porque o doente não consegue curar-se por conta própria, e cura a ferida mais profunda que se esconde por trás de sua incapacidade de se aceitar.

O Mestre o salva. A palavra grega *sozein* significa também "guardar" e "proteger", tirar alguém da zona de ameaça e perigo e levá-lo ao espaço da segurança e da proteção. Jesus salva o leproso do perigo do autoisolamento e lhe oferece um espaço da cura e do acolhimento, chamando esse espaço de fé: Tua fé te salvou. A fé é um espaço da confiança onde você é acolhido.

Se analisarmos essa história de cura sob o aspecto do método terapêutico de Cristo, podemos dizer: Jesus ordena que os leprosos sigam o caminho exigido pela lei e pela religião. O acompanhante espiritual não dá conselhos extravagantes; antes, encoraja-o a viver seu dia a dia conforme os costumes e hábitos de sua fé e tradição religiosa. Ele deve fazer suas orações de manhã e de noite, cumprir seus rituais, não precisa fazer nada de especial e é nesse caminho da simplicidade que ocorre a transformação.

Quando a transformação ocorre é preciso agradecer a Deus por ela e não sucumbir ao cotidiano. A história de cura interpreta a parábola antecedente, através da qual Jesus queria expressar que a espiritualidade não consiste em fazer algo especial e extraordinário, mas simplesmente em cumprir aquilo que devemos ao momento e a nós mesmos, a Deus e ao próximo (Lc 17,7-10).

Espiritualidade significa fazer aquilo que o momento exige, fazer o ordinário. Nisso, o Mestre expressa a sabedoria taoísta, que diz: Tao é o ordinário. No caminho ordinário – assim nos conta a história da cura – somos sarados e nos tornamos puros, ficamos bem; tudo fica bem. Mas devemos fazer o ordinário em gratidão. Apenas nela podemos nos aperceber do milagre da cura e da transformação. Sem ela voltamos aos padrões antigos, da insatisfação conosco, da impureza e do sentimento da inadequação. Fazer o ordinário e aperceber-se em gratidão da transformação interior – este é também, de acordo com Jesus, o caminho da nossa cura.

O possesso de Gérasa – A cura do desequilíbrio interior (Mc 5,1-20).

O possesso de Gérasa também vai ao encontro de
Cristo quando o vê. A forma como vai ao seu encontro
corresponde ao seu desequilíbrio interior. Ele cai de joelhos diante dele e grita em voz alta: "O que tens a ver comigo, Jesus, Filho do Deus Altíssimo? Eu te conjuro por
Deus que não me atormentes" (Mc 5,6). Uma das carac-
terísticas dos demônios é puxar o ser humano para todos
os lados e causar assim um dilema interior. Esse possesso vive nos túmulos, se afastou da companhia humana,
mas grita incessantemente. Portanto, procura o contato
com as pessoas e estas tentam acorrentá-lo, mas ele tem
tanta força que consegue romper as correntes, quer ser
livre. Por outro lado, ele se fere com pedras, voltando sua
agressão contra si mesmo, e é nesse dilema interior que
ele vem ao encontro de Jesus. Por um lado, quer ser curado; por outro, teme que a cura lhe cause dores. O "espírito do mas" o controla firmemente.

Hoje descreveríamos esse tipo de personalidade
como *borderline* ou personalidade múltipla. O homem
jovem não sabe quem é e por trás dessa perda de identidade encontramos muitas vezes o medo do caos interior

ou da própria culpabilidade. Jesus percebe o dilema interior do possesso e lhe pergunta: "Qual é o teu nome?" Ele respondeu: "O meu nome é legião, porque somos muitos" (Mc 5,9). Aqui se revela seu dilema interior. Ele responde como indivíduo: Meu nome é legião. Mas depois passa a usar a primeira pessoa do plural: "Somos muitos". Nele coexistem muitas personalidades, ou, na linguagem bíblica: somos muitos demônios que habitam nessa pessoa.

Ao perguntar pelo seu nome, pela sua identidade, o Mestre faz com que o homem entre em contato com seu si-mesmo e assim pode livrar-se dos demônios que o dividem por dentro, encontra sua identidade e o dilema interior é curado.

Os demônios pedem a Jesus que não os expulse da região, mas que permita que entrem nos porcos. "E Jesus o permitiu. Os espíritos impuros saíram e entraram nos porcos. A vara, de uns dois mil porcos, precipitou-se, barranco abaixo, dentro do mar, e se afogou" (Mc 5,13).

Muitos exegetas não conseguem compreender essa atitude de Cristo. Traduzindo-a para nossa linguagem terapêutica, poderíamos dizer: Jesus permite que o paciente viva e expresse seus demônios, isso pode acontecer através de um psicodrama. O paciente assume os diferentes aspectos interiores da sua personalidade. A outra maneira consiste em expressar esses aspectos interiores através da pintura.

Os demônios representam poderes que não podem ser entendidos pela pura razão. Eles precisam ser expressos, entrar em algo para que possam desaparecer. Aqui, nessa narrativa de cura, eles entram nos porcos. Para os judeus, esses animais eram impuros, talvez os porcos sejam uma imagem para as fantasias sexuais que existem no paciente. Até então ele as reprimiu, fazendo com que o acorrentassem interiormente e o puxassem para vários lados ao mesmo tempo. É preciso coragem para verbalizá-las, contá-las em todos os pormenores ao terapeuta, que precisa suportá-las sem julgá-las. Talvez seja necessário vivê-las através de uma pintura. Então, poderá vê-las e – se assim o quiser – queimá-las. Tudo aquilo que ocupa o espaço interior do ser humano precisa sair para algo que possa ser desfeito. Não podemos colocar um curativo religioso sobre essa sujeira interior, senão ela continuará agindo na nossa alma, destruindo-a e dividindo-a em personalidades múltiplas: em personalidades pias e acomodadas, em personalidades selvagens e indomáveis, em personalidades destrutivas, sádicas, masoquistas e sexualizadas.

A cura do possesso ocorre quando os demônios entram nos porcos. São Marcos descreve o homem curado da seguinte forma: "sentado, vestido e em pleno juízo" (Mc 5,15). A roupa nos mostra que ele reconquistou sua completude, que consegue raciocinar novamente, está calmo e livre do dilema interior. O curado deseja permanecer na companhia do Mestre. "Jesus não o consentiu, mas lhe disse: 'Vai para tua casa, para junto dos teus e conta-lhes tudo o que o Senhor fez por ti e como se compadeceu de ti'" (Mc 5,19). A presença de Cristo fez bem ao homem curado. Jesus não teve medo de seu desequilíbrio interior. Portanto, entendemos bem o seu desejo de permanecer na companhia de Jesus, mas Ele o manda de volta para sua família. A proximidade constante o prenderia a Cristo e criaria uma dependência. Assumir a responsabilidade pela sua vida, e contar a história da sua transformação e cura faz parte da cura. Para o doente, ela acontece quando ele vai ao encontro de Jesus, mas também quando se distancia dele após a cura. Um acompanhamento tem um início, mas tem também um fim. Isso sempre é doloroso, porque cria uma proximidade, mas despedir-se do acompanhante e voltar a viver sua própria vida também tem um efeito curador.

Em nossa busca pela identidade verdadeira encontramos os muitos aspectos, e até mesmo personalidades, em nós mesmos. Cada aspecto da alma quer ser reconhecido, identificado e honrado. Só assim podemos transformá-lo, alcançando a nossa unidade, apesar de todo desequilíbrio interior. O encontro com outra pessoa, que não tem medo do abismo e do caos da nossa alma, pode ajudar-nos no encontro conosco. Mas o último passo precisa ser feito por nós; nenhum terapeuta ou acompanhante espiritual pode fazê-lo em nosso lugar.

> "O que queres que te faça?" – Assumir responsabilidade (Mc 10,46-52).

Outra maneira de ir ao encontro do Mestre é praticada pelo mendigo cego Bartimeu. Ele fica sabendo que Jesus está saindo de Jericó, acompanhado por uma multidão de pessoas. Então começa a gritar: "Jesus, filho de Davi, tem piedade de mim!" (Mc 10,47). Como cego não tem outro meio de chamar a atenção de Cristo senão gritando. Muitas pessoas próximas a Jesus se irritam e o mandam calar a boca, mas ele o chama mais alto ainda. O Mestre para e diz: "'Chamai-o.' Eles chamaram o cego, dizendo-lhe: 'Coragem! Levanta-te que Ele te chama.' Jogando para o lado o manto, levantou-se de um pulo e foi até Jesus" (Mc 10,49-50).

Por meio de seus gritos, Bartimeu deu a entender que queria ser curado por Jesus, que o ouve e o convida a vir até Ele. O cego reage a esse convite com três passos: ele joga seu manto para o lado, poderíamos dizer: ele abre mão do seu manto protetor e retira a máscara por trás da qual havia se escondido. Quer vir ao Mestre do jeito que é: com toda sua necessidade e impotência, se levanta com um pulo, como que eletrizado pelo convite de Jesus. Ele investe toda sua força nesse encontro e vai até Ele, expressando assim sua alegria em encontrá-lo e em receber a sua ajuda. Jesus lhe pergunta: "O que queres que te faça?" (Mc 10,51).

O Mestre não retira simplesmente a cegueira de Bartimeu. Primeiro quer conhecer essa pessoa. Com sua pergunta, Ele o desafia a contar mais a seu respeito, dirige-se à sua vontade: O que você quer realmente? Essa pergunta faz com que o cego entre em contato consigo mesmo e com seu anseio mais profundo. Cristo aplica aqui um método terapêutico que atualmente se tornou bem comum: o terapeuta pergunta ao paciente: "O que você quer de mim? Por que me procurou? O que deseja alcançar? E o que deseja que eu faça?" Questionamentos desse tipo forçam o paciente a refletir sobre si mesmo.

Assim assume sua parte da responsabilidade pela terapia e ao mesmo tempo o relacionamento terapêutico é elucidado. Antes de iniciar a conversa, o diálogo é direcionado e esclarecido, e a tarefa do terapeuta ou do acompanhante espiritual é claramente definida.

O cego responde à pergunta de Jesus: "Mestre, eu quero ver de novo!" (Mc 10,51). No grego, encontramos aqui a palavra *anablepo*. O cego quer que Jesus faça com que ele possa voltar a levantar seu olhar, isso não se refere apenas à visão externa, mas também à visão do céu e de Deus; refere-se a um olhar que volta sua visão para o alto e que reconhece o Pai nos homens. É um olhar esperançoso. Às vezes as pessoas fecham seus olhos diante da própria verdade, porque temem que possa esmagá-las, que seja pesada demais para que possam suportá-la. Ao levantar meu olhar, demonstro que só posso encarar minha verdade se eu a vir dentro de um horizonte mais amplo. Ao mesmo tempo em que reconheço minha própria verdade, reconheço também o céu que se abre sobre mim e minha sombria veracidade – e assim minha verdade é revelada em uma nova luz.

A cura de Cristo acontece através de uma simples palavra: "Vai, tua fé te curou!" (Mc 10,52). O texto grego usa a palavra *sesoken*. Ela significa "te curou", "te salvou" e "te colocou dentro de um espaço protetor". Jesus não age sobre o doente. Ele simplesmente o manda seguir seu caminho, quem o curou foi a sua própria fé.

Cristo o remete à própria confiança. Quando o doente confia no terapeuta ou no acompanhante espiritual, a cura pode acontecer. Não é o médico que o cura: é a confiança que ativa as forças curadoras que existem na nossa própria alma. Assim, sempre participamos da nossa cura. Precisamos do diálogo e do encontro com outras pessoas, mas necessitamos confiar naquilo que já está em nós. Nossa alma sabe o que nos faz bem. Quando entramos em contato com ela e com suas forças curadoras, encontramos a coragem para levantar o olhar e voltamos a ver.

3.4 Os doentes são levados a Jesus

Na casa *Recollectio*, em Münsterschwarzach, acontece com frequência que alguns padres e frades não vêm por vontade própria, mas são enviados por seus superiores. Por si, não teriam encontrado a coragem para ausentar-se por três meses para enfrentar seus problemas e recuperar sua saúde. Às vezes, aqueles que vêm até nós nem querem reconhecer que precisam de ajuda.

Com estes, o trabalho se torna difícil, muitas vezes ficam aborrecidos com o fato de terem sido enviados à nossa casa, mas depois reconhecem o tempo que passam em Münsterschwarzach como oportunidade que receberam para fazer algo para seu próprio bem. A Bíblia também nos fala dessas situações em que os doentes são levados a Jesus por intermédio de outros:

> A cura do paralítico – A transformação do medo através de uma postura transformada diante da vida (Mc 2,1-13; Lc 5,17-26).

A maneira como as pessoas levam o doente até o Mestre na história da cura do paralítico é espetacular.

Quatro pessoas – assim nos conta São Marcos – levam um paralítico numa maca até Jesus, mas há tanta gente presente, que não conseguem abrir caminho. Então, sobem no telhado, quebram o teto e descem o doente pela abertura até Cristo. Elas fazem um esforço grande e ainda forçam o dono da casa a consertar o telhado.

O Evangelista São Lucas transpõe a história para uma casa helênica e esta possui um telhado de telhas. Assim, basta que as pessoas retirem algumas telhas para descer o paralítico pela abertura. Nos evangelhos segundo São Marcos e São Lucas lemos que o Mestre viu a fé dos quatro homens e que isso o levou a perdoar os pecados do doente. O paralítico aparece como figura passiva, os textos não falam da sua esperança. Jesus reage à fé das pessoas que trouxeram o doente até Ele. Elas confiavam que Jesus curaria o paralítico, mas não haviam contado com o perdão de seus pecados. No entanto, Cristo sente que o problema é maior do que a saúde de um doente que precisa ser reestabelecida.

A paralisia, muitas vezes, tem a ver com medo e este aponta para pressupostos básicos errados. O doente precisa mudar esses pressupostos e sua postura perante a vida. *Hamartia*, o termo grego para "pecado", significa "errar o alvo", "viver em não conformidade consigo mesmo". Algumas pessoas ficam paralisadas porque só estão dispostas a se levantar e andar em seu caminho se se sentirem confiantes, perfeitas e sem defeitos. Mas com essa atitude perante si mesmas e a vida, vivem em não conformidade com sua realidade como seres humanos.

O ser humano sempre apresenta rupturas, nunca é perfeito e precisa se reconciliar com isso. Somente quando estiver disposto a mudar sua visão e seus padrões de comportamento, seus sintomas físicos também poderão ser curados. Por isso, a terapia nunca visa à cura dos sintomas físicos em primeiro lugar. Estes, muitas vezes, são expressão de uma avaliação errada da própria pessoa.

Em primeiro lugar, o paciente precisa adquirir uma visão correta da pessoa que é. Só então os sintomas podem ser tratados. Jesus já sabia disso, antes que esse conhecimento fosse descoberto pela psicossomática; por isso perdoa primeiramente os pecados e então diz a mesma palavra, sobre a qual já refletimos na cura do paralítico do capítulo 5 do Evangelho segundo São João: "Levanta-te, toma a tua maca e vai para casa" (Mc 2,11).

O paralítico é libertado do pressuposto básico, segundo o qual sempre precisa ser perfeito e forte, sem inibições e bloqueios, sem medo e suor, e por isso ele pode agora tomar a sua maca – o símbolo das suas paralisias – e voltar para casa. Agora, volta para aquele lugar que é o seu lar, onde pode ser a pessoa que é sem a pressão de ter que provar que é algo diferente: justamente essa pressão de ter que se apresentar de forma positiva perante os outros que era o motivo da sua paralisia. Quando está em casa, a pressão desaparece.

Assim como o paralítico, muitas vezes, também transferimos a responsabilidade para outra pessoa, para que ela cure o nosso medo. Devemos iniciar um diálogo com o medo e perguntar-lhe para qual pressuposto básico nocivo ele estaria apontando. Precisamos questionar nossa atitude para que o medo desapareça. Se fizermos uma autoavaliação mais realística e nos livrarmos de nossas ilusões, de que precisamos ser sempre perfeitos e autoconfiantes, podemos nos levantar e continuar em nosso caminho.

> A cura do surdo-mudo – Uma lição sobre escutar e falar (Mc 7,31-37).

Em uma de suas caminhadas, algumas pessoas trazem um surdo-mudo a Jesus e pedem que lhe imponha a mão. O paralítico não pode vir a Cristo por conta própria. O surdo-mudo poderia ir ao encontro dele, mas não teria como expressar seu pedido. As pessoas fazem isso e não pedem que o cure, mas que imponha sua mão, que ore por ele e compartilhe a sua força. O Mestre não faz o que os acompanhantes do surdo-mudo pedem, não lhe impõe a mão para curá-lo com uma curta oração. Ele separa o surdo-mudo da multidão, separando-o das pessoas que o trouxeram, e lhe confere uma atenção especial em um espaço protegido, onde pode estar a sós com o doente. É apenas nesse relacionamento, entre duas pessoas, que a confiança necessária pode crescer para que aquele, cuja boca e orelhas estão fechadas, se abra. O paciente precisa saber que aquilo que ele dirá sobre si mesmo não cairá na boca do povo.

Nesse espaço protegido pelo sigilo, o processo da cura pode acontecer, mas é um processo que dura algum tempo. A cura rápida, que os companheiros provavelmente imaginaram, não existe. O processo da cura do surdo-mudo é descrito aqui em cinco passos.

O número cinco representa a união do homem e da mulher; o número dois é o símbolo do feminino; o número três, do masculino. Cinco é o número da Vênus, porém é também o número da transição para o divino. O mundo se desenvolve "como realidade mineral inanimada, então surge a flora, a fauna, o ser humano. Estes são os quatro grandes passos do desenvolvimento do mundo" (BETZ, 1989: 81). O quinto passo é a entrada no mundo divino, que podemos realizar apenas com a misericórdia de Deus. Se relacionarmos o mistério do número cinco aos cinco passos terapêuticos de Jesus, podemos dizer: Jesus abre o surdo-mudo para o encontro com os outros e para o encontro com o Pai.

Naquele espaço de confiança, o Mestre revela ao surdo-mudo o segredo do escutar e do falar. Num primeiro passo, Ele lhe coloca os dedos nos ouvidos, como se quisesse lhe dizer: todas as palavras que ouve querem entrar em contato com você. Não precisa fechar seus ouvidos por medo de ouvir apenas palavras negativas, críticas e de rejeição. Até mesmo as palavras gritadas revelam o anseio por um relacionamento. Ouça esse anseio em todas as palavras!

No segundo passo, Cristo toca a língua do mudo com sua saliva. Este é um gesto maternal. As mães tocam as feridas dos seus filhos com sua saliva e dizem: Tudo ficará bem. Já na Antiguidade, a saliva era usada para efeito curador. Poderíamos dizer: Ele cria um ambiente maternal, dentro do qual o paciente pode ser como é e no qual não é julgado. Só quando o paciente sente que suas palavras não serão julgadas consegue falar de forma sincera sobre si mesmo. Assim que sentir que suas ações, suas palavras, seus pensamentos e sua situação estão sendo rejeitados, se fechará e, nesse caso, o acompanhamento não terá êxito. Jesus se dedica ao surdo-mudo de forma carinhosa, como uma mãe. Podemos imaginar o seu gesto como beijo, através do qual presenteia o surdo-mudo com sua proximidade carinhosa.

O terceiro passo da cura: o Mestre eleva seus olhos para o céu. Isso pode ser interpretado de formas diferentes. Jesus mostra ao doente que, em cada diálogo saudável, o céu se abre para o ser humano. No diálogo, as pessoas não entram em contato apenas uma com a outra, também entram em contato com o indizível, com o mistério que as liga: o céu que brilha sobre elas. Levantar os olhos, no entanto, significa também que quem cura é Deus e não o acompanhante. No texto grego, encontramos aqui novamente a palavra *anablepo*, que significa "levantar o olhar". Poderíamos dizer: Cristo olha para o céu. Ele reconhece no doente o céu que existe nele, não vê apenas os aspectos danificados, mas também sua receptividade para o céu e para Deus. Quando Jesus vê o céu nele, o doente também consegue acreditar no céu interior, no espaço do silêncio, onde o Pai habita nele e onde as palavras nocivas dos seres humanos não conseguem entrar.

O quarto passo é o suspiro. Jesus trata o doente não apenas como paciente. Abre seu coração para ele e luta por ele emocionalmente. O surdo-mudo não consegue expressar seus sentimentos. Cristo expressa em seu lugar todos os que ele reprimiu. Esse passo é importante no acompanhamento espiritual e terapêutico. Muitas vezes os pacientes não conseguem falar sobre seus sentimentos. Então, o acompanhante reage com a sensação que o outro reprimiu. Acompanhei um padre que, externamente, se apresentava como uma pessoa muito amável, mas, após uma hora de conversa, percebi que eu estava cheio de agressões. No início, procurei a culpa em mim, mas a equipe da casa *Recollectio* se queixava de reações semelhantes. Esse homem devia ter agressões passivas, que escondia por trás da sua fachada amigável.

No acompanhamento, essas agressões se manifestam quando o acompanhante as assume no lugar do paciente. Às vezes, fico cansado durante um acompanhamento e a primeira pergunta que faço é se não dormi o suficiente. Mas, aprendi a entender que meu cansaço é um indício de que o outro não está falando sobre aquilo que realmente o preocupa, mas que tenta fugir do assunto.

Uma mulher me contou que, enquanto conversava com outra mulher que inicialmente não falava de outra coisa senão de seu trabalho e sucesso, de repente sentiu uma profunda tristeza. Quando comunicou seus sentimentos à mulher, esta começou a chorar, e a tristeza reprimida veio à tona. Se a acompanhante tivesse ignorado seus sentimentos, a conversa teria continuado superficialmente. Mas ao expressar seus sentimentos, como Jesus o fez, ela encorajou a mulher a falar das suas sensações verdadeiras. Aquilo que sentimos durante uma conversa é, muitas vezes, uma informação importante sobre os sentimentos reprimidos do outro. Num momento assim, é importante expressarmos essas sensações. Podemos perguntar ao outro se ele tem uma explicação para esses sentimentos, e se também os tem. Nossos sentimentos o convidam a encarar suas próprias sensações.

O quinto passo é uma ordem: *Effatá* – que quer dizer "abre-te" (Mc 7,34). O surdo-mudo só consegue abrir seus ouvidos e sua língua, num ambiente marcado pela confiança e pelo amor maternal, mas às vezes um impulso externo adicional é necessário e aquilo que Jesus preparou com seu amor maternal ainda precisa ser ativado. No acompanhamento vejo muitas pessoas que insinuam algo misterioso e difícil que ainda não conseguem expressar. Nesses casos, preciso dar a ordem: "Este é o momento. Você deu a entender que há algo escondido, agora chegou o momento de expressá-lo. Senão continuará com isso para sempre".

São Marcos descreve o que aconteceu em seguida desta forma: "Imediatamente os ouvidos dele se abriram, soltou-se a língua e ele começou a falar perfeitamente" (Mc 7,35). Agora, ele ousa ouvir as palavras que chegam ao seu ouvido, não teme mais ouvir apenas rejeição e dureza. O Mestre lhe ensinou que as palavras querem alcançá-lo, que é uma pessoa importante para os outros que desejam conversar com ele.

Na libertação da língua, de suas amarras, vemos que a causa da sua surdez foram os demônios. Eles nos apontam para a dimensão psicológica da doença, o surdo-mudo se calou porque foi calado, porque tem medo de revelar-se através de suas próprias palavras e de passar vergonha. Ele precisa da confiança para romper suas amarras interiores.

Nós também precisamos de um espaço de confiança onde podemos falar de forma correta e ouvir o que os outros querem nos dizer. Se não encontrarmos esse espaço da confiança com um terapeuta ou um acompanhante espiritual, podemos imaginar como a proximidade curadora de Deus nos envolve, criando assim um espaço protegido, no qual – aos poucos – ousamos abrir nosso coração fechado.

A cura de um cego – Na escola da visão (Mc 8,22-26).

O cego Bartimeu, do qual já relatamos acima, chama atenção e força Jesus a dedicar-se a ele. Em outra história de cura, São Marcos nos conta como algumas pessoas levam outro cego até o Mestre; elas pedem que o toque e aparentemente esperam que o toque cure o cego. O texto não nos conta o que o cego espera ou deseja, as pessoas que o acompanham têm a esperança de que ele seja curado.

Jesus reage de forma semelhante ao caso do surdo-mudo. Não trata o cego às vistas das pessoas que o trouxeram. No caso dessa história, poderíamos falar de sete passos que Ele aplica para curar o doente. Sete é o número da transformação. É necessária uma mudança interior para que o cego volte a ver corretamente. "Jesus tomou o cego pela mão e o levou para fora do povoado. Aplicou-lhe saliva nos olhos, impôs-lhe as mãos e lhe perguntou: 'Vês alguma coisa?'" (Mc 8,23).

O primeiro passo é "tomá-lo pela mão". Ele toma o cego pela mão e não pergunta o que deseja, tomando a iniciativa. E essa iniciativa consiste em entrar em contato com o cego através da mão, o toque nela já transmite confiança.

Num segundo passo, Cristo o leva para fora do povoado. Dentro dele, o cego é observado pelas pessoas, e elas falam sobre ele. Novamente Jesus cria um espaço de confiança para o doente, onde nenhuma outra pessoa pode entrar. Aqui, a única coisa que importa é o relacionamento do cego com o Mestre, o terapeuta. A cegueira pode ter sido causada pela perda de coragem ao encarar sua própria verdade, por ser cruel demais para ele. Por isso, esse espaço da confiança e da proximidade é necessário para que o cego consiga vislumbrar a sua verdade. E o processo que leva o cego a criar coragem para abrir seus olhos é demorado.

No terceiro passo, Cristo aplica saliva nos olhos do cego. Novamente temos aqui a dedicação maternal que transmite confiança. Jesus não o desafia como homem a finalmente abrir seus olhos e a encarar sua verdade. Antes, trata o cego com um cuidado maternal e toca seus olhos de forma carinhosa, criando uma atmosfera maternal, na qual os olhos, em algum momento, se abrirão.

Então, num quarto passo, Ele lhe impõe suas mãos, mantém essa postura, ora e deixa sua energia curadora fluir para o cego. A imposição das mãos é, ao mesmo tempo, um gesto de proteção; através dele, cria-se um espaço protegido que faz bem ao doente.

Após esses atos terapêuticos, Jesus, num quinto passo, pergunta ao cego: "Vês alguma coisa?" (Mc 8,23). "O cego levantou os olhos e respondeu: 'Olho para as pessoas e as vejo como árvores que andam'" (Mc 8,24). O cego ousa levantar os olhos. Aqui encontramos de novo o termo grego *anablepo*, que também significa "levantar os olhos para o céu". Até então o cego talvez tenha olhado apenas para o chão, sua visão era obscurecida. Agora, ele ousa levantar seus olhos e olhar para o céu, ousa ver sua vida com os olhos de Deus, mas ainda não é capaz de ver as pessoas verdadeiramente, de ficar olho no olho com outro ser humano e de se expor a um encontro. Há ainda a necessidade de um tratamento posterior.

É interessante ver que o primeiro método terapêutico não acarreta o êxito desejado, demora bastante até que o outro realmente consiga criar a coragem necessária para ver tudo do jeito que é. Por isso, Jesus lhe impõe mais uma vez as mãos num sexto passo, mas dessa vez as coloca sobre seus olhos, voltando sua atenção especificamente aos órgãos feridos e deixando sua força curadora fluir para eles. Agora, o doente consegue ver com clareza, consegue enxergar a fundo. E agora é capaz de olhar para dentro de sua alma, reconhecer a essência das coisas e entender a mensagem do seu interior e do mundo. Essa terapia é uma escola da visão, o Mestre ensina ao cego, que havia fechado sua visão perante si mesmo e a verdade do mundo, a levantar seus olhos, a desvelar e a entender.

Para São Marcos, isso significa: ele foi reestabelecido à imagem original, foi refeito como ser humano segundo a imagem que Deus teve dele desde sempre. Sua cegueira impedira que reconhecesse essa imagem original, através de seus gestos e de seus passos terapêuticos, Cristo lhe ensina a ver e o encoraja a encarar suas próprias verdades e a verdade do mundo.

O sétimo e último passo da cura se dá de forma curiosa: "Jesus o mandou para casa, dizendo: 'Nem penses em entrar no povoado'" (Mc 8,26).

No encontro com Cristo, o cego também se reencontrou. Agora, ele precisa do seu lar, necessita passar tempo consigo mesmo, para que não feche os olhos novamente perante a realidade deste mundo. Ele deve evitar o povoado, não deve se expor ainda ao olhar dos outros. Apenas quando tiver encontrado a coragem de ver tudo que se apresenta aos seus olhos no espaço familiar do seu lar ele será capaz de continuar o seu caminho de olhos abertos também lá fora no povoado, na realidade do mundo.

Os diferentes passos para a visão valem também para nossa própria escola visual. Devemos aprender a olhar para o alto e abrir nossos olhos para o céu. Sob os olhos de Deus teremos também a coragem de olhar para baixo. Encontramos o Pai acima e em nós, na profundeza da nossa alma. Quando conseguirmos ver Deus acima de nós e nas profundezas da nossa alma teremos a coragem de encarar nosso caos interior. Nosso olhar não ficará preso na confusão, na escuridão interior, mas ousará encarar a verdade que está envolvida pelo Pai acima e abaixo de nós.

O oficial romano de Cafarnaum – Uma cura à distância (Mt 8,5-13; Lc 7,1-10; Jo 4,46-53).

Os três evangelistas nos contam a história do oficial romano de Cafarnaum, mas cada um enfatiza aspectos diferentes. Nos Evangelhos segundo São Mateus e São João é o próprio oficial (em São João ele é um funcionário do rei) que vem até Jesus e pede que cure seu escravo. No Evangelho segundo São Lucas o oficial envia "alguns chefes dos judeus para pedir-lhe que viesse salvar da morte seu escravo" (Lc 7,3). Estes intercedem pelo oficial romano: "Ele merece que lhe faças o favor, pois ama nossa gente; ele mesmo foi quem construiu para nós a sinagoga" (Lc 7,4-5).

Tanto em São Mateus como em São Lucas, o oficial menciona sua autoridade: "Pois eu também estou submisso à autoridade e tenho soldados a meu comando, e digo a um: Vai, e ele vai; a outro: Vem, e ele vem" (Lc 7,8).

Por isso pede ao Mestre que não venha até sua casa: "Eu não sou digno de que entres em minha casa. Nem me julguei digno de ir a ti. Mas dize só uma palavra e meu escravo ficará curado" (Lc 7,6-7).

Jesus fica fascinado com a fé do oficial e o elogia na frente de todas as pessoas presentes, e, quando os enviados voltam para casa, veem que o escravo recuperou a saúde. Em São Mateus, Cristo diz ao oficial: "'Vai, e seja feito conforme acreditaste'. E naquela mesma hora o criado ficou curado" (Mt 8,13). Em todos os três evangelhos a cura acontece à distância. Jesus recompensa a confiança do oficial romano (ou do funcionário do rei, em São João). O oficial confia na palavra de Jesus, e assim o escravo (ou o filho do funcionário do rei) é curado.

Na verdade, a terapia de Jesus não se dirige ao escravo (ou filho), mas ao oficial (ou funcionário do rei). Ele confirma sua fé, experimenta a cura porque acredita em Cristo, porque confia que Ele pode curar o filho ou escravo. O Mestre confirma e fortalece a fé dos familiares. Pela fé deles, o escravo pode ser curado. Jesus nem precisa entrar em ação, mediante a fé dos familiares, Ele cria um ambiente dentro do qual o escravo ou o filho consegue recuperar sua saúde. Poderíamos também dizer: Jesus cura o sistema dentro do qual o doente vive, e, ao tratar esse sistema, também trata aquele que vive dentro dele.

A liturgia recriou a palavra do oficial como oração antes da Eucaristia: "Senhor, eu não sou digno de que entreis em minha morada, mas dizei uma palavra e serei salvo". Muitos acham difícil aceitar essa palavra, preferem dizer: "Eu sou digno". Mas estes leem essa com os olhos do autodesprezo, que lhes foi imputado em sua infância.

O oficial romano era um homem de grande autoestima, mas também tinha um sentido intuitivo para o mistério de Jesus. Em Cristo ele reconheceu um homem enviado por Deus, confiava que este poderia curar seu filho com uma única palavra e o Mestre elogia sua oratória como expressão da sua fé. Quando repetimos as palavras do oficial antes da Eucaristia, confessamos o mistério de Jesus. Nele, o próprio Deus vem ao nosso encontro e compreendemos a Eucaristia como evento de cura. Assim como o filho do oficial foi curado, nossa alma também é sarada porque o próprio Cristo entra em nós. Precisaríamos ter a fé do oficial para compreender aquilo que acontece conosco nesse sacramento.

3.5 A cura no encontro

> O possesso de Cafarnaum – Cura através de uma imagem saudável de Deus (Mc 1,21-28).

A história de cura do possesso na sinagoga de Cafarnaum não segue nenhum dos padrões que conhecemos até agora – o doente procura Jesus, ele vai ao seu encontro, outros trazem o doente até Ele. O Mestre está pregando na sinagoga, está ensinando as pessoas. Mas esse ensino é muito diferente do ensino dos escribas. Jesus ensina como "quem possui autoridade (divina)" (Mc 1,22).

Ele não pretende curar ninguém, está concentrado em seus ensinamentos, mas as pessoas reagem a isso. Na sinagoga se encontra um homem possesso por espíritos impuros, e ele começa a gritar: "O que queres de nós, Jesus Nazareno? Vieste para nos destruir? Sei quem tu és: o Santo de Deus!" (Mc 1,24). A mensagem do Deus misericordioso, que se aproximou de nós, provoca uma contrarreação violenta no homem.

Ao apresentar sua imagem do Pai, Jesus evidentemente provoca a imagem demoníaca que esse homem, que não consegue se controlar, tem de Deus. Cristo questiona sua imagem de Deus, e assim o homem começa a atacá-lo verbalmente.

Jesus não disse nada contra esse homem, falou apenas de Deus. Mas a imagem que o Mestre tem do Pai representa uma provocação para essa pessoa que, aparentemente, construiu para si uma imagem de Deus que reafirma sua personalidade. Talvez seja uma imagem de um Deus que me recompensa se eu me empenhar em atos religiosos. Uma imagem tão limitada reage alergicamente a imagens do Pai mais amplas. Talvez seja a imagem de um Deus controlador que registra e julga todos os nossos pensamentos e obras.

É evidente que Jesus proclama outro Deus: certamente está falando do Pai benevolente e misericordioso, que se interessa justamente pelos pecadores e que os leva à conversão através do seu amor. A imagem que Jesus tem de Deus irrita o homem e o deixa agressivo, ele sente que Cristo desperta algo em sua alma que até então tem sido recalcado e reprimido. Ele usou sua imagem do Deus controlador para controlar seu medo do caos da própria alma. Se ele perder essa imagem de Deus terá que enfrentar a sua própria verdade, e ele não consegue fazer isso. Por isso, ele projeta seu medo sobre o Mestre e, através da menção do seu nome, tenta obter poder sobre Ele.

A forte reação do homem leva Jesus a voltar sua atenção para ele e a curá-lo. Seu método terapêutico consiste numa ordem: "Jesus o intimou, dizendo: 'Cala-te e sai deste homem'" (Mc 1,25). Ele não se dirige ao homem, mas ao demônio que o possui e que lhe passou essa imagem errada de Deus. Esse demônio, que controla o homem com sua imagem errada do Pai, deve agora sair do homem e se calar.

A palavra de Jesus causa um efeito: "Agitando-o violentamente, o espírito impuro deu um grande grito e saiu" (Mc 1,26). É evidente que o homem se encontra num forte dilema: entre a mensagem proclamada por Cristo, que o comove interiormente, e sua imagem antiga de Deus, que ele incorporou. Mas a palavra de Jesus é mais poderosa, ela o liberta da sua imagem demoníaca de Deus após uma longa luta. Aqui poderíamos dizer: Jesus cura o homem, ao falar do Pai de maneira adequada.

O Mestre sabe que a imagem de Deus determina também a que uma pessoa tem de si mesma e se essa adoece ou é curada. Esse método de Jesus aponta o acompanhamento espiritual para direção em que se deve trabalhar. Seu tema central deve ser a imagem de Deus e procurar saber se o paciente possui imagens de Deus nocivas e demoníacas. Muitas vezes, essas imagens demoníacas do Pai se encontram no inconsciente. As convicções teológicas concordam com a imagem proclamada por Jesus, mas nas profundezas da alma ainda se encontram aquelas outras imagens de Deus, que nos dominam e impedem que vivamos nossa vida. E o método terapêutico de Cristo mostra que, muitas vezes, a luta para se livrar dessas antigas imagens de Deus pode ser longa. Não se trata de uma compreensão racional, mas de uma luta que afeta o corpo e a alma.

O espírito impuro sai do doente com um grande grito. Às vezes, as pessoas que eram dominadas por uma imagem demoníaca de Deus se soltam com um grande grito de raiva por terem servido a um ídolo, e não ao Deus de Jesus Cristo, durante tantos anos. Precisam dessa força agressiva para se distanciarem dessas imagens nocivas de Deus e para se tornarem capazes de ver o Pai com os olhos de Cristo e de encontrar Deus como pessoas livres.

A narrativa da cura do possesso de Cafarnaum nos convida a ocupar-nos com nossas próprias imagens de Deus. Em que aspectos nossa imagem dele corresponde à imagem do Pai apresentada por Jesus? Será que nossa imagem de Deus é expressão de uma autoimagem negativa? Será que a imagem que castiga me remete a tendências autopunitivas da minha alma? Ou será que a compulsão, de querer controlar todas as minhas emoções e meus pensamentos, criou uma imagem do Deus controlador? A minha mentalidade de contador, que avalia e julga tudo, também pode ser a culpada pela imagem do Deus que avalia e julga tudo em mim.

Muitas vezes somos incapazes de determinar o que veio primeiro: a autoimagem doente ou a imagem doente de Deus, mas sabemos que uma corresponde à outra. O encontro com a imagem de Deus proclamada por Jesus só tem um efeito curador se eu estiver disposto a despedir-me das minhas imagens nocivas – e demoníacas – de Deus.

> A cura do cego de nascença – Não se trata de culpa, mas da obra de Deus (Jo 9,1-12).

No caso do cego de nascença também não ficamos sabendo se é ele quem procura Jesus ou se é o Mestre quem vai ao seu encontro. Ele simplesmente está presente. Ele aparece e assim se torna o assunto de uma conversa entre Jesus e seus discípulos. Os discípulos perguntam a Jesus: "'Mestre, quem foi que pecou, ele ou seus pais, para ele nascer cego?' Jesus respondeu: 'Ninguém pecou, nem ele nem seus pais, mas é para que as obras de Deus se manifestem nele'" (Jo 9,2-3).

Os discípulos seguem uma noção que era comum no judaísmo: quando uma pessoa adoece, alguém precisa ter cometido algum pecado, precisa existir uma causa para a doença, alguém precisa ser o culpado: o próprio doente ou seus pais. Cristo rejeita esse vínculo entre pecado e doença. Ele rejeita a interpretação causal-redutiva da doença, da qual Sigmund Freud falava.

A interpretação da patologia de Sigmund Freud corresponde à visão dos discípulos. Mas esta é uma visão perigosa, pois ela diz a cada pessoa doente: Você é o culpado pela sua doença. Ou, como diz o esoterismo: Você cria sua própria doença. Precisa encontrar em seu meio as pessoas culpadas por ela. No entanto, a atribuição de culpa a mim mesmo ou a outrem não me leva adiante, só causa sentimentos de culpa que me paralisam e enfraquecem, mas não contribuem para a cura.

Jesus diz: Ninguém pecou. As obras de Deus devem manifestar-se nele. A pergunta é: Como devemos entender essa palavra de Cristo? Talvez possamos compará-la com a visão de C.G. Jung, que fala de uma interpretação final da doença.

A doença aponta para uma finalidade, ela tem um propósito, quer indicar novos modos de vida. Assim, poderíamos dizer: as obras de Deus devem manifestar-se no doente, a doença é o lugar onde Ele age no doente e onde a majestade dele revela seu esplendor. Não devemos olhar para o passado, mas para o futuro. Cada situação – também a situação da doença – pode ser transformada e curada pela obra de Deus.

O Mestre demonstra como devemos entender isso ao tomar a iniciativa para dar início à terapia do cego de nascença. "Ao falar isso, Jesus cuspiu no chão, fez um pouco de lama com a saliva, passou nos olhos do cego e disse: 'Vai lavar-te na piscina de Siloé' – que quer dizer Enviado" (Jo 9,6-7).

Poderíamos dizer: Jesus demonstra através dos seus gestos aquilo que a cegueira representa e como ela pode ser transformada. Muitas vezes, a cegueira significa fechar os olhos perante sua própria verdade, porque ela não concorda com a nossa autoimagem. Quando se trata de um cego de nascença, arriscaríamos dizer: desde seu nascimento não conseguiu encarar a sua realidade, porque era cruel demais e, por isso, insuportável.

Cristo cospe no chão e faz um pouco de lama com sua saliva e, com isso, diz ao cego: Você veio da terra.

Reconcilie-se com sua natureza humana, com sua natureza terrena, saiba e aceite que há terra, há sujeira em você. O cego precisa aprender a ser humilde. Humildade – *humilitas* em latim – está ligada ao húmus. Humilde é aquele que se reconcilia com sua natureza terrena, que desce às profundezas da sua alma.

Com a lama sobre os olhos, o cego de nascença deve ir até a piscina de Siloé e lavar-se. Siloé significa "o Enviado", que é uma referência ao Messias. No encontro com Jesus, o cego obtém sua visão. O encontro com Jesus é como um banho, que retira a sujeira dos seus olhos e assim o capacita a ver a realidade.

Que tipo de carisma deve ter um terapeuta ou um acompanhante espiritual, para que possa se transformar em "banho" para o paciente, no qual este possa lavar seus olhos e remover toda sujeira para que volte a ver? Para que o acompanhamento terapêutico ou espiritual possa ser experimentado como "banho" o acompanhante não pode julgar. Quem julga joga lama sobre a alma e a pessoa julgada se sente desvalorizada e suja.

O Mestre fala a respeito de si mesmo no Evangelho segundo São João: "Vós já estais limpos por causa da palavra que vos tenho anunciado" (Jo 15,3). Jesus não moralizou. Ele falou de forma que as pessoas se sentissem puras e em harmonia consigo mesmas.

Nossas palavras, muitas vezes, se misturam com intenções impuras. Tentamos, por exemplo, apresentar-nos em nossas palavras como pessoas melhores do que na verdade somos. Nelas se escondem agressões ou preconceitos, avaliações e julgamentos. Portanto, é importante que o acompanhante use suas palavras com cuidado e sempre examine as impurezas contidas nelas. Apenas através de uma linguagem clara e pura – sem segundas intenções – conseguimos criar um ambiente dentro do qual o cego pode encontrar a coragem de olhar para si mesmo com toda clareza. A nossa linguagem lhe transmite a confiança de que não existe nada nele que não possa ser visto com olhos claros e bondosos.

Quem meditar sobre a história da cura do cego de nascença sentirá o impulso de despedir-se das suas ilusões. Essas o levaram a fechar seus olhos diante da realidade, ele fugiu de si mesmo e se refugiou em uma imagem idealizada de si mesmo. O encontro com Cristo o desafia a aceitar humildemente a sua natureza humana e a reconciliar-se com todos os seus aspectos terrenos. Então, poderá ver a sua realidade de olhos abertos e não fechará mais seus olhos diante das pessoas que o lembram de sua natureza frágil e terrena.

3.6 A terapia familiar – O desenlace dos emaranhamentos

A Bíblia não fala apenas da cura de doenças psicossomáticas, mas também da cura de relacionamentos entre pais e seus filhos. Os evangelhos nos contam quatro histórias clássicas de relacionamento: entre pai e filha (Mc 5,21-43), entre mãe e filha (Mc 7,24-30), entre pai e filho (Mc 9,14-29) e entre mãe e filho (Lc 7,11-17). Nessas narrativas Jesus assume o papel de terapeuta familiar que, a dois mil anos atrás, praticou aquilo que a terapia familiar de hoje nos ensina. Por já ter interpretado em detalhe essas quatro histórias de relacionamento em meu livro *Encontre seu rastro da vida. A cura dos ferimentos da infância*, quero limitar-me aqui descrevendo os métodos terapêuticos que Ele emprega na terapia familiar.

Podemos observar nessas quatro histórias que Jesus nunca trata apenas o filho ou a filha, mas sempre o pai e a mãe, sem, porém, atribuir sentimentos de culpa. Ele não diz ao pai ou à mãe, nem ao filho ou à filha, que eles são os culpados pelos problemas ou pelas doenças, simplesmente parte dos emaranhamentos que se deram ao longo do tempo. Ele compreende sua terapia como meio para desenlaçar esses emaranhamentos. No entanto, para que isso aconteça, é necessário que tanto os pais quanto os filhos pratiquem novos padrões de comportamento que possibilitem um novo convívio.

O Mestre trata o pai diferentemente da mãe, e em ambas as histórias sobre o pai o assunto gira em torno do medo e da confiança. Quando Jairo, o chefe da sinagoga, é informado que sua filha morreu, Jesus lhe diz: "Não tenhas medo! Basta crer!" (Mc 5,36). O problema de muitos pais é que querem tratar seus filhos e filhas da mesma maneira com que tratam os funcionários na firma, os alunos na escola ou os pacientes na terapia. Mas os filhos não aceitam ser tratados assim, eles querem ser aceitos em sua singularidade. O pai precisa aprender a soltar a filha, a entregá-la a seu próprio crescimento e amadurecimento – e a Deus, que a criou em sua singularidade.

Ao pai do filho que o leva ao desespero com seus ataques epiléticos Jesus responde: "Tudo é possível para quem tem fé!" E o pai responde: "Eu creio, mas ajuda minha falta de fé" (Mc 9,23-24).

O filho não tinha encontrado um espaço de confiança na proximidade do pai para expressar de forma adequada as suas agressões, seus sentimentos e sua sexualidade. Assim só pôde expressá-los de maneira não verbal, através de seus ataques. São Marcos nos conta que o demônio o jogou no chão, de forma que espumava e rangia os dentes. E, muitas vezes, ele também o jogou no fogo e na água. Essas são imagens para agressões reprimidas, para o inconsciente que se apodera dele, e para as fantasias sexuais que o lançam no fogo. Quando Cristo fala da fé, o pai reconhece: "Não confiei no meu filho". E agora começa a crer. Ele deseja poder acreditar no filho e pede a ajuda de Jesus.

Nas duas narrativas que envolvem a mãe, o assunto é a delimitação. Durante os primeiros anos de vida, a mãe é a pessoa mais próxima da criança, ela a carrega em seu ventre, a amamenta, troca suas fraldas e cria um contato físico e emocional íntimo, mas, quando a criança cresce, ela precisa soltar a filha ou o filho. É claro que o pai também precisa soltar seus filhos, mas o relacionamento entre mãe e filho é mais íntimo, e por isso soltá-lo é mais difícil para ela. O primeiro passo nesse processo é a delimitação, à medida que traça os limites entre ela mesma e o filho ou a filha, lhe passa responsabilidade pela própria vida. Muitas mães acham difícil abrir mão desse cuidado pelo filho e isso não pode acontecer de forma radical, pois o amor materno permanece até a morte. Encontrar a medida certa entre preocupação e autonomia é uma tarefa vitalícia da mãe.

Jesus demonstra à mãe como essa libertação funciona. Ele define um limite claro quando ela vem ao seu encontro pedindo que a acompanhe imediatamente para curar a sua filha. A mãe quer exercer sobre Ele um domínio semelhante ao que exerce sobre seus filhos. Ela se ajoelha e abraça suas pernas. O Mestre faz com que aquela mulher se veja num espelho e lhe mostra por que sua filha está doente: ela não conseguiu satisfazer sua fome. Os cães comeram seu pão. Eles representam as preferências da mãe: sua carreira, as férias que tanto deseja, suas necessidades. Ao fazer com que ela se veja como verdadeiramente é, Ele lhe ensina outra perspectiva. A mulher deve voltar para casa com essa nova visão e ela a adota imediatamente dizendo a Jesus: "É verdade, Senhor, mas também os cachorrinhos, debaixo da mesa, comem das migalhas dos filhos" (Mc 7,28). A mãe reconhece: minha filha não recebeu o alimento que necessitava, preciso ficar mais atenta às suas necessidades, mas também preciso satisfazer a minha fome, eu também tenho necessidades que precisam ser satisfeitas.

A mãe precisa encontrar um novo equilíbrio entre a atenção dedicada à filha e a atenção voltada para si mesma, necessita ter coragem para cuidar também de si mesma. Não precisa estar fixada na filha e ficar se perguntando se esta estaria recebendo o amor que precisa, se estaria fazendo tudo certo em sua educação, o Mestre a liberta de si mesma e, assim, a sua filha.

Podemos entender de forma semelhante as palavras de Jesus dirigidas à mãe do jovem que acabara de morrer, e que agora é levado por uma multidão para fora da cidade, para que seja enterrado. Ele se compadece da mãe e lhe diz: "Não chores" (Lc 7,13). A mãe deve libertar o filho, ele precisa continuar seu caminho e ela precisa abrir os olhos. Então reconhecerá que não está sozinha enquanto o filho se despede dela. Muitas pessoas a acompanham, ela não deve satisfazer seu anseio por relacionamentos apenas com seu filho. Ela também precisa distanciar-se dele e soltá-lo. A proximidade exagerada com a mãe não permite que ele torne a viver.

Encontramos outra sabedoria na meditação sobre essas quatro histórias de relacionamento. Nos relacionamentos entre pessoas do mesmo sexo – pai-filho, mãe-filha – Jesus sempre cura expulsando o demônio. Ele é um espírito impuro, que contamina a autoimagem da filha ou do filho. Podemos interpretar isso como projeção. O pai não vê o filho como filho singular, antes projeta sobre ele as suas expectativas, este deve tornar-se idêntico a ele, ou realizar aquilo que o pai não pôde, por exemplo, ingressar numa faculdade ou aprender uma profissão específica.

A mãe não reconhece na filha a filha singular, antes cultiva suas próprias ideias de feminilidade, que então projeta sobre a filha, ou a mesma a faz lembrar os seus aspectos não vividos. Então ela passa a lutar contra os lados sombrios que a filha revela nela. Esse demônio precisa ser expulso, o Mestre transmite aqui uma nova visão ao pai e à mãe. Eles devem descobrir ou conceber a imagem singular que Deus tem de seus filhos, em vez de projetar as suas próprias sobre eles. Nos relacionamentos de sexos opostos – pai-filha, mãe-filho – a cura sempre acontece através de morte e ressuscitação. A filha precisa fugir da simbiose com o pai; e o filho, dos laços estreitos com a mãe. A identidade velha, que se define completamente pelo pai ou pela mãe, precisa morrer.

A cura é como uma ressuscitação, uma ressurreição. O filho e a filha precisam ressuscitar para uma nova identidade, e precisam encontrar a coragem de ser a pessoa que são. No caso da filha, isso se expressa através de Jesus, que a toma pela mão e lhe diz: "Menina, eu te ordeno, levanta-te!" (Mc 5,41).

Ele ordena que deem comida para a menina. Ela deve sentir sua vitalidade, sua feminilidade. No caso do jovem morto deitado na maca, Cristo diz: Este não é o lugar onde você pode viver. Você não pode ser carregado a vida toda. Então Jesus diz: "Moço, eu te ordeno, levanta-te" (Lc 7,14). Ele precisa levantar. A palavra grega *egertheti* significa também: "Acorda!" O filho deve acordar e tornar-se homem e não pode permanecer eternamente em seu papel infantil junto à mãe.

Jesus sabe que a adoção de uma nova visão e de novos padrões de comportamento, por parte dos pais, não basta para curar o filho ou a filha. Ambos também desenvolveram e adotaram um papel em seu relacionamento com os pais que não é saudável e do qual precisam se livrar. Por isso, Jesus trata também o filho e a filha. No caso da filha de Jairo, Ele a toma pela mão e pede que lhe tragam comida. O Mestre a fortalece em sua própria identidade. Mas São Marcos intercalou na história da cura da filha a cura da mulher que sofria de hemorragia, mostrando assim como a ferida causada pelo pai se expressa numa mulher adulta.

O pai causa nessa filha um ferimento por ignorá-la. Por ser ignorada, ela investe todo seu sangue, toda sua força, tudo que possui, todas as suas habilidades para finalmente ser notada, mas nisso ela se esgota completamente. O primeiro passo para a cura parte da mulher hemorrágica que reconhece que nada mais tem a dar. Ela toca o manto de Jesus e tem a coragem de fazer algo para si mesma. Recorre ao terapeuta, ao acompanhante espiritual e lhe apresenta toda a sua verdade, fala da sua vida do jeito que é e se torna percebida.

Jesus lhe diz: "Filha, a tua fé te curou. Vai em paz e fica curada desse sofrimento" (Mc 5,34). Jesus a percebe de forma verdadeira. Ele estabelece um relacionamento com ela e a chama de filha. Como pai substituto lhe transmite uma coragem renovada para viver sua vida, mas não permite que ela crie uma dependência dele. Ele a aponta para a sua fé, ela tem fé e confiança em si mesma; tem em si uma fonte da qual pode beber. Se, em vez de ficar esperando que o pai lhe dê atenção, viver de seus próprios recursos, encontrará a paz para continuar em seu caminho. Então estará em harmonia consigo mesma e curada.

Cristo não trata a filha da mulher siro-fenícia. Ele nem chega a vê-la. Aparentemente basta que Jesus transmita uma nova visão à mãe. Se a mãe conseguir ver a filha com outros olhos, se deixar de vê-la como rival ou como aquela que a enfurece, se descobrir nela uma jovem mulher singular que a confronta com seus próprios lados sombrios, o relacionamento entre as duas se transformará. E, quando isso acontecer, a filha poderá viver de forma diferente. Quando a mãe voltou para casa "encontrou a menina deitada na cama. O demônio havia saído" (Mc 7,30). A filha está descansando, já não precisa mais suportar a tensão entre sua identidade e o papel que representa para sua mãe, está em harmonia consigo mesma.

Na história do capítulo 9 do Evangelho segundo São Marcos (v. 14-29), o filho havia levado o pai ao desespero com seus ataques, ele já não sabia mais como ajudar seu filho. O Mestre lhe ensina a ter confiança, mas o filho também havia se acomodado em seu papel, tinha poder sobre o pai.

Um pastor evangélico, que apresentava grandes problemas com seu pai, disse: "Não dei nenhuma chance ao meu pai. Quando estudei e reconheci o que ele havia feito comigo, eu fi-lo sentir aquilo. Não permiti que se aproximasse de mim". O filho precisa renegar o papel com o qual havia se identificado e através do qual havia dificultado a vida do pai. São Marcos relata a cura de forma bem dramática: Jesus ordena ao espírito imundo que deixe o filho. O espírito, porém, o joga para cá e para lá e só o deixa com um grande grito. Livrar-se de seus papéis antigos significa, em muitos momentos, uma luta interior. Às vezes o filho precisa primeiramente expressar sua raiva através de gritos, e fica deitado no chão, como que morto. As pessoas dizem: "Ele morreu". Ele se livrou de sua antiga identidade. Agora Jesus precisa tomá-lo pela mão para que ele consiga entrar em contato com seu ser verdadeiro e Cristo o levanta para que ele possa continuar em seu caminho com uma postura ereta. No caso do jovem de Naim, a cura acontece através da ordem de se levantar e de abandonar a simbiose com a mãe, mas depois segue um comentário que muitos acham difícil de aceitar: "E Jesus o entregou à mãe" (Lc 7,15).

A cura não significa que o filho deva romper todos os laços com a mãe. Se o fizesse se separaria das próprias raízes. A mãe é, e permanece, a raiz que precisamos para que a árvore da nossa vida floresça. Ao mesmo tempo, é necessário que se estabeleça uma liberdade interior em relação a ela, uma nova forma de distância, que nos permite aceitar também a sua proximidade. O filho já não ocupa mais o velho papel em seu relacionamento com a mãe, ele encontrou a si mesmo e agora também pode aceitá-la como a pessoa que é.

Sentimos a sabedoria contida nessas histórias e Jesus se manifesta aqui, como primeiro terapeuta familiar que reconhece o emaranhamento da família e o entende. Ele trata o pai, a mãe, o filho e a filha exatamente conforme as necessidades de cada um, para que encontrem e vivam a sua própria identidade e prossigam em seu próprio caminho, mas para que também estabeleçam um relacionamento saudável com o pai e a mãe, com o filho e a filha. O Mestre não quer resolver todos os problemas antigos, antes deseja apontar um caminho para o futuro. A experiência da própria fonte, da compreensão e da dedicação do terapeuta – algo que poderíamos chamar de "paternidade substituta posterior" – são o caminho para a cura.

3.7 Resumo dos vários métodos terapêuticos de Jesus nas histórias de cura

Tendo em mente todas as narrativas de cura, quero agora rever os vários métodos terapêuticos de Cristo. Por um lado, quero focar no terapeuta e no acompanhante espiritual. Estes podem obter novos impulsos dos métodos terapêuticos relatados para o seu próprio trabalho de acompanhamento. Por outro, porém, vejo ainda os leitores e as leitoras deste livro, que iniciaram o processo da realização do seu si-mesmo e que precisam de ajuda em seus problemas e em sua cura de doenças e padrões neuróticos. A leitura e a reflexão sobre as histórias de cura não podem substituir uma terapia, mas podem ajudar muitas pessoas a lidarem de forma diferente com seus padrões de comportamento tão inculcados.

Jesus interage com cada pessoa individualmente. Ele reconhece intuitivamente a necessidade de cada um neste exato momento. Ele não segue um método sistemático, antes age com cada um de forma específica e adequada. É evidente que Cristo tem um sexto sentido para aquilo que faz bem ao ser humano. Ele segue sua intuição, age com base na união com Deus e em contato com o fundamento da sua alma. Assim, nos encoraja a confiar mais na nossa própria intuição do que na sistemática de uma escola terapêutica.

Jesus interage com as pessoas e a cura sempre acontece no encontro com Ele. Não é primeiramente o método que sara, mas o encontro, o bom relacionamento entre acompanhante e paciente. O encontro com outra pessoa significa também o encontro consigo mesmo. O Mestre não poupa o ser humano desse encontro consigo mesmo. Ele se recusa a simplesmente remover a doença sem que o doente seja confrontado com ela e pergunte o que estaria querendo lhe transmitir. A cura só ocorre quando o doente estiver decidido a oferecer a Deus não só o seu ferimento físico, mas também as feridas da sua alma. Neste encontro, somente é curado aquele que estiver disposto a encontrar-se com sinceridade e a vivenciar sua impotência de ajudar-se a si mesmo. Não posso instrumentalizar Jesus nem Deus para que Eles me curem. Preciso estar disposto a expor minha verdade e meus ferimentos ao Pai. Só então o amor dele poderá inundar meus ferimentos, e a sua luz poderá iluminar a minha verdade.

A cura sempre significa uma orientação nova, o aprendizado de uma nova visão para a vida, um comportamento novo em relação a si mesmo e em relação aos outros. Muitas vezes a doença é uma expressão de que precisamos mudar a nossa vida. A cura significa também uma mudança de direção para um novo modo de vida. O doente traz a sua verdade para o encontro, o terapeuta ou acompanhante espiritual traz a si mesmo: seu coração, sua empatia. Ele se empenha em prol do paciente e as histórias de cura se repetem, contando como Cristo se dedica inteiramente à situação. Isso se revela, por exemplo, no suspiro, que mostra que, também para Ele, a cura significa certo esforço.

Um encontro é algo que acontece entre duas pessoas e não pode ser planejado. Sinceridade e franqueza são precondições para um encontro que transforma e cura. Jesus oferece esse encontro ao doente, cria uma atmosfera de confiança para que o doente ouse se abrir e se encontrar com Ele, mas cabe ao paciente aceitar o encontro, não podemos forçá-lo. Nós, os acompanhantes, precisamos lembrar-nos disso para nos livrarmos da pressão de ter que curar cada doente. A cura acontece no encontro, ela não é resultado das nossas ações. No fim das contas, ela é sempre uma dádiva, um milagre.

Jesus pode interagir com o doente de forma paternal ou maternal. Ele trata os doentes com o carinho e o afeto de uma mãe e cria um espaço maternal de confiança, de dedicação incondicional, no qual nada é julgado. Mas Jesus também pode desafiar o doente de forma severa como um pai. Ele o fortalece, mas também o confronta com sua própria força e vontade. Ele ativa a força que existe nele e se recusa a fazer todo o trabalho, e o doente precisa participar da sua cura. Esse comportamento maternal e paternal precisa ser adotado não apenas pelo acompanhante, mas por todos nós. Quando nos tratamos de forma maternal, abraçamos a criança interior com carinho e paramos de nos julgar, a cura pode acontecer. E necessitamos do encorajamento paternal, precisamos dizer a nós mesmos: "Levanta-te, toma tua cama e vai!"

Muitas vezes, Cristo toca os doentes que cura. Ele faz através do toque, da imposição de mãos. A imposição das mãos está sendo redescoberta em seu significado curador. Ao impor as minhas mãos em outra pessoa, o Espírito curador de Deus inunda a outra pessoa, invade suas áreas de tensão, suas paralisias, seu caos interior. Hoje muitos fisioterapeutas trabalham com o contato físico. Quando o terapeuta toca o paciente, este descobre suas tensões e, ao mesmo tempo, pode soltá-las sob sua mão calorosa.

Hoje – basta lembrar o debate sobre abusos – somos cuidadosos quando tocamos um paciente. Poderiam interpretar isso como transposição dos limites, mas podemos interpretar o toque físico simbolicamente também. Poderíamos dizer: Jesus entra em contato com o paciente, com seu corpo e com sua alma, para que este possa entrar em contato consigo mesmo, também posso entrar em contato com o outro através do diálogo, tocando seu coração. Isso faz com que o doente venha a sentir seu próprio ser e descubra a força em si mesmo.

Existem forças de autocura em todos nós. Através de suas palavras e do seu toque, o Mestre reestabelece o contato com a fonte, com os recursos interiores. Esses recursos existem em cada pessoa, e cada um pode aproveitá-los. Através do encontro com Jesus e do seu toque, as pessoas vêm a descobrir os recursos interiores que querem ser usados. Ele confia nas forças de autocura do ser humano, ele não precisa fazer tudo sozinho.

Os métodos terapêuticos de Cristo são um desafio para meu acompanhamento espiritual. Eu também quero interagir com as pessoas sem preconceitos e sem julgá-las, descobrir com elas a sua verdade e estabelecer o contato com seus recursos interiores. Minha intenção não é ensinar-lhes algo, não é dar conselhos, mas fazer com que entrem em contato com sua própria força. Isso pode acontecer de forma cuidadosa e branda. Às vezes, porém, preciso recorrer à confrontação e à provocação, para que o outro acorde e se livre dos seus antigos padrões de comportamento. O acompanhamento terapêutico e espiritual é um caminho. Ele não cura de imediato; antes, inicia um processo de cura. É importante que eu, como acompanhante espiritual, confie nesse processo de cura e crie um espaço de confiança dentro do qual o paciente possa aprender a confiar em si mesmo.

No fim das contas é sempre a fé que cura; a fé do acompanhante e a fé do paciente. Mas parte da responsabilidade também cabe a mim, ao acompanhante, para que o paciente acredite em si e em sua cura. O paciente percebe rapidamente se acredito em sua cura ou se vejo nele um caso perdido. Minha fé pode ajudar o paciente a acreditar em si mesmo, mas não pode substituir a fé dele. Ele também precisa estar disposto a acreditar em si mesmo e confiar que Deus opere nele o milagre da cura.

Sem essa disposição de acreditar em minha cura, esta não pode acontecer. Jesus também passou por essa experiência. Quando experimentou rejeição em Nazaré, sua cidade de origem, lá não conseguiu fazer milagres. "E ficou admirado com a falta de fé deles" (Mc 6,6).

Não só os acompanhantes, mas todos que refletirem sobre as histórias de cura podem vivenciar seu efeito curador. A primeira condição é que eu aceite pessoalmente o desafio dessas narrativas, que eu me pergunte onde estou paralisado, cego, possesso, traumatizado e surdo-mudo, onde estou preso em emaranhamentos familiares. E a segunda condição é que eu exponha minha verdade a Jesus para que, com meus ferimentos e semelhante aos doentes do seu tempo, experimente o encontro com Ele. A terceira condição é que eu confie em Cristo e no poder curador do seu Espírito, que aprenda com Ele um novo modo de ver minha vida e me levante e, repleto do seu Espírito, realize aquela imagem que Deus tem de mim. Nesse encontro com Ele entro em contato comigo mesmo, com as fontes interiores que o Pai me deu: estas são as fontes das forças de autocura, de dons e habilidades, de força e de esperança.

Pensamentos finais

Para nós cristãos, Jesus é o Filho de Deus, no qual Ele se revelou a nós. Karl Rahner chama Cristo de autor-revelação absoluta do Pai. E Jesus é, para nós, o Redentor, que nos remiu do pecado e da culpa, que preencheu nossa natureza humana mortal e deteriorada com sua vida divina e assim a curou, mas Ele é também o ser humano que viveu a dois mil anos atrás. Os evangelistas nos contam que curou doentes, falou com as pessoas, mostrou caminhos da sabedoria e contou parábolas.

Devemos meditar sobre todas as palavras e histórias em que Jesus interage, fala com as pessoas e age nelas, para reconhecermos o Mestre como médico e terapeuta, como pastor de almas e acompanhante espiritual abençoado. Limitei-me às histórias de cura, às parábolas e a algumas palavras de Cristo. Nelas encontramos a sabedoria terapêutica dele e suas várias maneiras de curar. A reflexão sobre essas histórias e palavras sempre nos revelarão novos aspectos de sua atividade curadora. Mas os evangelistas não proclamam Jesus apenas para que admiremos suas obras e palavras e experimentemos cura no seu encontro. Eles proclamam Cristo também para desafiar-nos a agirmos como Ele. Jesus enviou seus discípulos para que proclamassem a proximidade do Reino de Deus.

E, como discípulos do Mestre, devemos também curar como Ele curou. Jesus envia seus discípulos com as palavras: "Proclamai que está próximo o Reino dos Céus. Curai os enfermos, ressuscitai os mortos, limpai os leprosos, expulsai os demônios!" (Mt 10,7-8).

No Evangelho segundo São Mateus, a proclamação precede a obra terapêutica dos discípulos. Esta é expressão da sua proclamação. Sem estas obras curadoras, sua pregação seria incompleta e não estaria de acordo com Cristo. No Evangelho de São Lucas a cura acontece primeiro e é então seguida pela proclamação explicativa: "Curai os enfermos que nela houver e dizei-lhes: 'O reino de Deus está próximo de vós'" (Lc 10,9).

Os discípulos devem curar os doentes. Sua pregação explica o que realizam na cura dos doentes. O Reino de Deus revela sua proximidade na cura; então o Pai passa a reinar em nós e, quando Deus reina em nós, tornamo-nos completos e curados. Em relação a nós mesmos, poderíamos dizer: Ao curarmos pessoas hoje – como terapeutas e pastores de almas – o Reino do Pai se aproxima das pessoas, e realiza-se nelas aquilo que Jesus sempre proclamou em toda sua pregação.

Tentei expor neste livro as possíveis formas concretas do acompanhamento terapêutico e espiritual. Conhecemos os diferentes métodos terapêuticos de Cristo: seu jeito de interagir com as pessoas doentes e de tratá-las, seu modo de falar com as pessoas.

É meu desejo que não nos contentemos em admirar a sabedoria terapêutica de Jesus, mas que – repletos com o Espírito que Ele nos enviou em Pentecostes e nos envia sempre de novo – acompanhemos as pessoas como Ele nos ensinou. Então acontecerá aquilo que o Mestre acreditou que seus discípulos também podiam fazer: doentes são curados; mortos, ressuscitados; leprosos, purificados; e os demônios, expulsos.

Isso parece um desafio muito grande, mas penso que cada terapeuta e cada acompanhante já vivenciou como pessoas que viviam estarrecidas interiormente foram libertas de suas paralisias e se ergueram para uma nova vida. Vivenciamos como leprosos foram purificados: pessoas que não aguentavam ver sua própria imagem no espelho, de repente encontraram a harmonia em si mesmas, sentiram-se puras e bem, permitiram ser o que são. Os demônios foram expulsos: padrões de comportamento neuróticos, que dominavam as pessoas, de repente se afastaram, e elas conseguiram se ver com clareza, foram libertas de compulsões interiores – também das compulsões que se haviam imposto através de uma espiritualidade nociva, de capatazes interiores que as escravizaram.

Cada acompanhante terapêutico ou espiritual, que deseja fazer o que Jesus fez, pode aprender com os métodos terapêuticos dele. Talvez alguém revide: "Eu não sou Jesus. Não posso copiá-lo". Se quiséssemos copiá-lo, criaríamos uma pressão enorme e isso prejudicaria nosso trabalho. Mas devemos confiar que Ele nos deu seu Espírito. No Evangelho segundo São João lemos que soprou seu Espírito sobre seus discípulos (Jo 20,22).

No entanto, esse Espírito que recebemos precisa ser sempre comparado com o de Jesus. Encontramos este Espírito em suas palavras, em seu jeito de interagir com as pessoas e de fasciná-las, em seu modo de ir ao encontro dos doentes e de curá-los com vários passos terapêuticos. Aquilo que os evangelhos nos contam, das histórias de cura, pode também acontecer conosco, mesmo que ra-

ramente na forma de uma cura espontânea – esse tipo de cura também ocorre hoje em dia de vez em quando –, mas normalmente através de um processo mais prolongado. Nesse processo de acompanhamento podemos seguir os passos de Cristo e servir-nos dele como exemplo.

Não precisamos copiá-lo nem contar histórias e parábolas tão lindas como as que Ele contou, mas temos as histórias e as narrativas de Jesus. Elas têm um poder curador, o próprio Mestre preencheu essas parábolas com seu poder curador; podemos trabalhar com elas. Cabe a nós entender e interpretar as palavras e parábolas de Jesus corretamente. Então podemos oferecê-las aos nossos pacientes para que eles trabalhem com elas com o objetivo de tratar seus problemas concretos.

Se as pessoas confrontarem seu medo, seu perfeccionismo, sua sensibilidade e suas autoacusações com as palavras de Jesus e se ocuparem durante uma semana com uma dessas parábolas, a transformação que Ele causou em seus ouvintes ocorrerá nelas também. A parábola lhes transmitirá uma nova visão. Se vierem a ver suas vidas sob outra luz, elas lidarão consigo mesmas e adotarão uma forma diferente de viver.

Fazemos bem se entendermos as palavras de Jesus como *koans* que nos levam a outro nível. Assim podemos aplicá-las no acompanhamento como resposta para à situação concreta do nosso paciente. Não queremos que ele apenas reflita sobre a palavra; antes deve aceitá-la como um *koan* e "mastigá-la" – os monges chamam isso de "ruminar" – até que a palavra de Jesus o leve a outro nível, ao nível da experiência espiritual, em que ele não é dominado pela sua doença ou por seus padrões neuróticos, mas em que pode encontrar sua essência mais íntima, o espaço do silêncio, onde o Reino de Deus já se encontra nele.

Onde o Reino de Deus estiver em nós, estamos livres de padrões antigos, das expectativas e dos julgamentos das pessoas. Lá somos completos e sãos. Ferimentos e doenças não podem afetar nosso espaço mais íntimo. Lá encontramos nosso ser original e autêntico, entramos em contato com a imagem original e imaculada que Deus tem de nós. Quando entramos em contato com essa visão singular de Deus, nossa vida começa a fluir, a florescer e a dar frutos. Essa imagem original é como uma fonte que jorra em nós e nos fortalece, onde o Reino de Deus já está em nós, somos puros e claros, nem mesmo a culpa consegue nos atingir.

Jesus não fala constantemente da culpa das pessoas, antes desperta nelas o centro que não foi infectado por ela. Ele acredita que elas podem entrar em contato com aquele espaço interior onde Deus – e não o pecado – reina nelas. E lá, onde o Pai habita como mistério no ser humano, este pode encontrar seu lar em si mesmo, e experimentará a pátria verdadeira e encontrará seu centro interior. E partindo desse centro, dessa pátria interior, poderá viver de forma nova e levantar-se – como os doentes que Jesus curou – para uma vida nova.

No entanto, não escrevi este livro apenas para os acompanhantes espirituais e terapêuticos que trabalham no Espírito de Cristo. Tenho certeza de que a própria Bíblia é um livro de cura. Quando meditamos sobre as palavras de Jesus, elas provocam uma nova visão em nós. Quando nos ocupamos com as suas parábolas, elas transformam nossa autoimagem e a imagem de Deus e então ocorre em nós um processo de cura interior.

Quando nos olhamos diante de Deus, com um olhar diferente, lidamos melhor com questões da vida que, muitas vezes, pesam sobre nós, como culpa, sofrimento, falta de sucesso. Nossos sentimentos como medo, inveja e ciúme são transformados. Quando meditamos sobre as histórias de cura algo começa a acontecer em nós.

Não temos apenas a Bíblia, que podemos ler. Celebramos aquilo que ela nos conta também na Eucaristia. Nela acontece conosco hoje o que aconteceu entre Cristo e os doentes há tanto tempo. Na comunhão precisamos apenas vir a Jesus como paralíticos, cegos e surdos, como pessoas esgotadas e frustradas para receber a sua palavra na forma do pão e do vinho, para integrá-la em nós.

Então, quando recebemos e comemos a hóstia, experimentamos em carne e osso a palavra de Jesus: "Levanta-te, toma a tua maca e vai para casa" (Mc 2,11) – ou: "Filha, a tua fé te curou. Vai em paz e fica curada desse sofrimento" (Mc 5,34).

Referências

BETZ, O. (1989). *Das Geheimnis der Zahlen* [O segredo dos números]. Stuttgart: [s.e.].

DREWERMANN, E. (1985). *Tiefenpsychologie und Exegese* [Psicologia do profundo e exegese]. Vol. II. Olten: [s.e.].

GÖRRES, A. (1984). *Das Böse* [O mal]. Freiburg im Breisgau: [s.e.].

GRÜN, A. (2005). *Tiefenpsychologische Schriftauslegung* [Interpretação das Escrituras pela psicologia do profundo]. 7. ed. Münsterschwarzach [Münsterschwarzacher Kleinschriften, vol. 68].

GRÜN, A. & ROBBEN, R. (2000). *Finde deine Lebensspur – Die Wunden der Kindheit heilen* [Encontre o rastro da sua vida – A cura dos ferimentos da infância]. Freiburg im Breisgau [Spirituelle Impulse].

JUNG, C.G. (1975). *Memórias, sonhos, reflexões*. Rio de Janeiro: [s.e.].

_____ (1964). *Gesammelte Werke* [Obras reunidas]. Vol. 8. Olten: [s.e.].

MILLER, B. (org.) (1998). *Apophtegmata Patrum –* Weisung der Väter [Apophtegmata Patrum – Instrução dos padres). 4. ed. Trier: [s.e.].

SANFORD, J.A. (1974). *Alles Leben ist innerlich –* Meditationen über die Worte Jesu [Toda vida é interior – Meditações sobre as palavras de Jesus]. Olten: [s.e.].

Índice

Sumário, 5

Introdução, 7

1 Os métodos terapêuticos de Jesus nas parábolas, 15

    1.1 O convívio com a culpa, 20

    1.2 O convívio com o juiz interior, 25

    1.3 O convívio com o medo, 29

    1.4 O convívio com a inveja, 33

    1.5 O convívio com os inimigos interiores, 37

    1.6 O convívio com meus lados sombrios, 41

    1.7 O convívio com minhas ilusões, 45

    1.8 O convívio com decepções, 48

    1.9 O anseio pela completude, 51

    1.10 O anseio por uma vida fértil, 57

    1.11 O anseio por transformação, 59

    1.12 O anseio pelo retorno à pátria, 62

1.13 O anseio de reencontrar aquilo que perdemos, 68

1.14 O anseio pelo si-mesmo verdadeiro, 73

2 Os métodos terapêuticos de Jesus em suas palavras, 79

2.1 *Koans* que nos levam a outro nível, 83

2.2 Palavras figuradas, 89

2.3 Palavras provocativas de Jesus, 99

2.4 Máximas encorajadoras, 105

3 Os métodos terapêuticos de Jesus nas histórias de cura, 115

3.1 Os diferentes conceitos de doença e cura nos evangelhos, 117

3.2 Jesus vai ao encontro das pessoas e se envolve com elas, 121

3.3 Os doentes procuram Jesus, 134

3.4 Os doentes são levados a Jesus, 149

3.5 A cura no encontro, 167

3.6 A terapia familiar – O desenlace dos emaranhamentos, 176

3.7 Resumo dos vários métodos terapêuticos de Jesus nas histórias de cura, 186

Pensamentos finais, 195

Referências, 203

Conecte-se conosco:

facebook.com/editoravozes

@editoravozes

@editora_vozes

youtube.com/editoravozes

+55 24 2233-9033

www.vozes.com.br

Conheça nossas lojas:

www.livrariavozes.com.br

Belo Horizonte – Brasília – Campinas – Cuiabá – Curitiba
Fortaleza – Juiz de Fora – Petrópolis – Recife – São Paulo

EDITORA VOZES LTDA.
Rua Frei Luís, 100 – Centro – Cep 25689-900 – Petrópolis, RJ
Tel.: (24) 2233-9000 – E-mail: vendas@vozes.com.br